Cela: un cadáver exquisito

Vida y Obra

Biografía

Francisco Umbral nace en Madrid en 1936 y desde los años sesenta se dedica, profesionalmente, a la literatura y el periodismo. Se le ha definido como «el mejor prosista en castellano del siglo». Su novela *Mortal y rosa* (1975) es considerada una de las obras maestras de la segunda mitad del siglo xx. *Las Ninfas* ganó el Premio Nadal ese mismo año. La obra de Umbral ha merecido, entre otros reconocimientos, el Premio Mariano de Cavia, el Premio González Ruano de Periodismo, el Premio de la Crítica, el Premio Príncipe de Asturias en 1996, el Premio de Novela Fernando Lara 1997 con *La forja de un ladrón*, el Premio Nacional de las Letras en ese mismo año, el Premio Víctor de la Serna en 1998 y, en diciembre de 2000, el máximo galardón en lengua castellana, el Premio Cervantes.

Entre sus obras destacan *Un carnívoro cuchillo*, *Los helechos arborescentes*, *El socialista sentimental*, *Madrid, tribu urbana*, *Trilogía de Madrid*, *La leyenda del César visionario*, *Diario político y sentimental*, *Historias de amor y Viagra* y *El hijo de Greta Garbo*.

Un ser de lejanías, su primer título tras el Premio Cervantes, ha sido comparado a su obra cumbre, *Mortal y rosa*.

Francisco Umbral
Cela: un cadáver exquisito
Vida y Obra

⊕ Planeta

© Francisco Umbral, 2002
© Editorial Planeta, S. A., 2003
   Avinguda Diagonal 662, 6.ª planta. 08034 Barcelona (España)

Diseño de la cubierta: Método, Comunicación y Diseño, S. L.
Ilustración de la cubierta: © Agencia EFE
Fotografía del autor: © Begoña Rivas
Primera edición en Colección Booket: enero de 2003

Depósito legal: B. 44.520-2002
ISBN: 84-08-04600-4
Impreso in Liberdúplex, S. L.
Encuadernado por Liberdúplex, S. L.
Printed in Spain - Impreso en España

ÍNDICE

La memoria, esa fuente del dolor.

CJC

ATRIO

Escribo este atrio después de haber hecho el libro, como es costumbre. Los atrios o prólogos anteriores al libro quedan siempre desmentidos por éste, para bien o para mal. Quiero decir que desde mi atrio veo bien la vida y la obra de Camilo José, un maestro en mi vida con el doble magisterio de la sabiduría y de la cercanía. Porque viviendo con Cela se aprendía a vivir, ya que él fue sobre todo un ser viviente, más viviente que los demás hombres por más incardinado en las cosas, de las que fue apacentador. En este libro hablo de eso. Cela y las cosas es un capítulo que podría ser todo el libro. Lo que se quiere significar, antes de que la memoria se me vuele mientras él muere, es que Cela era un genio del vivir y del escribir viviendo y del vivir escribiendo, y en esto es donde queda portentoso, aunque no lo hayan dicho nunca los críticos, que no suelen decir estas cosas.

Algunos ingleses saben que, en la historia de la cultura, siempre hay dos corrientes fluyendo: la corriente clásica y la corriente renovadora. Es decir la literatura tradicional y convencional, que es pensamiento sobre lo ya pensado, y la literatura vivida o por vivir, que es la que se improvisa cada día en cada creador. Ambas corrientes conviven pacíficamente en la sociedad, pero nosotros sabemos que el bando de los genios, de los inventores, de los reveladores, y hasta de los rebeladores con be, es el bando de los vividores improvisados que persiguen la musa de cada mañana, bien sea la criada que trae el café o el desnudo problemático de Picasso. Solemos decir que ya no hay revoluciones y es porque la revolución, en el arte, se está haciendo siempre. A eso lo llamamos vanguardia para quedarnos tranquilos, pero no es sino la única forma de vivir y crear al mismo tiempo, de crear la propia vida. Así vivió y escribió Camilo José Cela, asustando palabras como se asustan las palomas en el parque y sorprendiendo a los lectores con el fabulismo del vivir y la renovación de las palabras, de las imágenes, de las metáforas, de las cosas.

Con todo esto quiero decir que Cela no era eso que se llama un escritor de ideas. Tenía cuatro ideas, pero muy claras y sensatas, muy bien distribuidas y que le sirvieron para manejarse toda su vida. Era el artista puro, el creador impuro, el que no se detiene a pensar las cosas sino que primero las hace y luego le da pereza pensarlas. Ahí queda eso. Los cínicos, los surrealistas, los paradójicos, Goya, Rimbaud, el citado Picasso, Pío Baroja, etc., trabajaron así. El otro caudal, el del clasicismo mansueto y el pensamiento lógico va dando sus complacientes frutos de postre, pero no era eso lo que quería el antiacadémico Cela, aunque persiguiese mucho la Academia.

Por dentro o por fuera llevaba un inglés materno que le servía para disimular muy bien sus arrebatos interiores de hombre hecho de hallazgos, pero yo sabía que Cela se negaba a escribir novelas convencionales, con planteamiento, nudo y desenlace, porque lo suyo era la creación libérrima y el asustarse a sí mismo de lo que acababa de escribir. Por eso necesitaba fórmulas más libres, o sea la abolición de las fórmulas, para dar suelta a su escritura inspirada, gozosa de vivir, habitada por las cosas y caritativa con los hombres. Le conocí en 1965, cuando me lo presentó José García Nieto. En seguida me publicó tres libros y quería hacerme director de una revista. Calculaba a los hombres al primer golpe y nunca se equivocó. En este libro quizá me ocupo más de su vida que de su obra, y es porque de la obra ya está todo escrito, aunque mal, mientras que de la vida, de su vida, nadie sabe nada precisamente porque fue una vida tan pública. Cela servía para vivir más que para pensar y era fácil convencerle de cualquier cosa, aunque cabezón, porque pronto se cansaba de darle vueltas a las ideas. Así trabajan los verdaderos novelistas, con el caudal revuelto de la vida. Los otros, los que han hecho montañas mágicas de belén navideño, son los maestros de las ideas, pero siempre tienen por delante un filósofo que lo pensó todo antes que ellos y además les está matando la novela con tanto pensamiento. La vida es irracional o no es vida. El irracionalismo es la moral del verdadero poeta, ése que se finge prosista, y por eso el surrealismo fue la última llamarada de la verdadera creación. Las anteriores habían sido el Romanticismo y el Barroco. Todavía hace muy poco tiempo Cela decía en una entrevista que leía y releía a Quevedo, el inagotable Quevedo, tan verdadero en la escritura creadora y tan falsario contra sí mismo en la escritura teórica.

Cela es el último barroco de la prosa española, escribe mareado de ideas y de palabras, de imágenes y de ocurrencias. Ni los críticos ni los estudiosos ni los catedráticos ni nadie han sabido valorar el torrente existencial de Cela, exigiéndole en secreto una coherencia pedagógica que él no iba a asumir nunca y un modo de novela mansueta a lo *Pepita Jiménez* o a lo *Sotileza* de Pereda. En eso estaban las letras españolas cuando Cela empezó a escribir. Ahora ha terminado. El domingo dio en *ABC* su último artículo, aunque quizá salgan otros por ahí. La última vez que le vi fue en las votaciones del Premio Cervantes. Me pidió que defendiese verbalmente a nuestro candidato, Fernando Arrabal, y después se limitó a decir: «Me adhiero casi con violencia a las agudas palabras de Francisco Umbral». En ese «casi con violencia» está el último rasgo de su estilo inconfundible y beligerante. Él me había hablado mucho de su vivir beligerante, que alternaba con un dandismo anglosajón y materno del que iba dejando rasgos por el aire de las grandes casas. Le invitaban y no sabían a quién invitaban. Era el amigo convencional de lo convencional, pero era el enemigo anticonvencionalista en cuanto desenroscaba la pluma y pensaba en una virgen o en una víctima.

Francisco Umbral

LA VIDA

Gente bien

UN repaso a los abuelos y abuelas, a los tíos y tías, a los padres mismos de Cela, nos deja la imagen rosa y feliz de una familia de gente bien, que es en la que se crió el novelista. Por parte del padre hay una burguesía española de quiero y no puedo, y por parte de la madre un cierto aristocratismo inglés, o un cierto anglicismo aristocrático, roza las mejillas de las mujeres, el pelo de los niños y el mostacho bien peinado de los caballeros. La clase media española se encuentra en el interior de la familia mezclada con la gente bien de la aristocracia ferroviaria y londinense. Diríamos que hay como un callado esfuerzo de los españoles por ponerse al nivel de los ingleses. Los padres del escritor conjuntan muy bien sus dispares orígenes, y doña Camila va infundiendo en el niño las minucias de una educación sentimental. Así, cuando le advierte de que «un caballero jamás debe mirar escaparates». Cela ha conservado siempre aquellos gustos y usos de su madre, aleándolos sutilmente con su otra vocación, la de andariego rural y tragaldabas de mesón. Con la edad, el elegante ha podido más que el chico terrible de los 40 y hoy Cela lleva una vida de político conservador inglés.

A propósito del político, ¿qué es Cela políticamente? Yo creo que eso, un liberal europeo que cree en la cultura, en las maneras y en lo de no mirar escaparates. Todo esto, traducido a liberal español con título nobiliario le convierte en un ciudadano que ama, conoce y respeta profundamente su patria, pero piensa en secreto que las cosas están bien como están, que los pobres, si son dignos, están bien en su pobreza, y que la riqueza hay que saber llevarla a la vista, pero sin ruido. Las opciones políticas de Cela son más bien escépticas y él es partidario de poner remedio a las cosas sin armar demasiado barullo ni sacar demasiadas banderas. En una palabra, respeta al pueblo cuando se hace respetar y alterna con los poderosos sin preocuparse mucho por el origen de su poder.

Ya que Cela no habla mucho de estas cosas, salvo en alguna rara entrevista, es en su obra donde hay que buscar la verdad de lo que vengo diciendo. Su España está llena de pobres dignos como hidalgos, de clase media vulgar pero inofensiva y de algunos ricos raleados que son gente de la que no le gusta mucho escribir porque no acaba de encontrarles el resorte literario. La España de Cela es un país loco, como la humanidad toda para nuestro novelista, pero desde su escepticismo profundo prefiere que las cosas se organicen con sentido común y le molestan los heroísmos de extrema derecha o de extrema izquierda. Parece respetar más a los mártires religiosos que a los mártires políticos. A partir del caos original de este mundo, Cela se resigna con llevar las cosas siempre con mucha calma. Aunque a él personalmente parezca gustarle la aventura, y lo ha demostrado, no quiere un país aventurero ni cree en la repetición de las hazañas españolas del pasado, aunque en su imaginario patriótico funcionan siempre el valor de los conquistadores, la galanía de los altos cargos y el culto a la mujer, que los extremeños hicieron extensible a la llama, con lo que se viene abajo la teoría de nuestro bizarro donjuanismo. Pero cuando una teoría le sale fallona, Cela lo resuelve con una frase de ingenio.

Quiere decirse que nunca ha tomado demasiado en serio las ideas que proclama (tampoco mucho) y que, como hubiera dicho Ortega, es un nacional menos fijo en sus ideas que en sus creencias. Un español berroqueño pero sin fanatismos. Un pensador de ideas recurrentes y con frecuencia nobles. Un creyente en todas las cosas que este país ofrece para creer, desde los toros a los obispos, pero luego le sale el ironista de fondo y resuelve con una broma las cuestiones más cruciales. Diríamos que Cela prefiere manejarse con pocas ideas bien administradas mejor que llenarse la cabeza de imaginaciones históricas que suelen conducir, por necesidad de orden a un despotismo ilustrado o a una guerra civil. Nuestro escritor es un burgués inteligente, un soldado sensato y un aristócrata de la aristocracia orteguiana de la eficacia y la conducta, al margen de valoraciones áulicas.

Aquel niño educado para pequeño lord estaba deseando mezclarse con los chicos más asesinos del pueblo. No otra cosa ha hecho en la vida, ya de adulto, que alternar su costumbrismo acre, venido de la picaresca, con su parnasianismo de mariscal retirado o intelectual independiente, que es lo que realmente es.

El 98

Cela queda como nieto del 98 desde que, a los diez años, como ya hemos contado aquí, descubre la Castilla anacoreta desde el tren y se le saltan las lágrimas.

Dentro del 98, Cela los respeta a todos, empezando por el pensamiento libre, asistemático y lírico de Unamuno, hasta las novelísticas de Baroja y Valle, los versos castellanos de Machado y la sensibilidad gramatical de Azorín.

Cela es un 98 que quiere vivir bien. Tiene su capilla particular con todos estos santos laicos, que son como los reyes godos de la literatura del siglo, pero luego de haber rezado literariamente a estos maestros, se va a comer con un banquero para sacarle la pasta por la línea más inesperada. Ya hemos contado aquí cómo Cela enjareta una revista para la gente del exilio, con el dinero del mismo hombre que hizo la guerra para exiliarles. Las industrias y andanzas de Cela se merecerían un libro que yo no voy a hacer. Fue hombre que nunca se resignaría a la pobreza. Hizo muy bien el papel de pobre en la literatura, pero ya con los cuartos guardados en casa o en el Banco. La virtud de Cela es hacer un negocio de todo, e hizo el negocio del exilio, que parecía lo más difícil. Lo cual no significa que no creyera en el exilio, sino que creía fielmente hasta en un mediocre como Prados, y estos cruces de picardía y beatería son los que dan más primor y variedad a la personalidad de CJC.

Miguel Delibes, que siempre criticó a Cela, me decía en su periódico de Valladolid:

—Camilo se toma cuatro whiskis en Chicote todas las noches. Luego se va a casa y escribe un capítulo de su novela (*Mistress Cadwell*) sin mirar lo anterior.

MD no calumniaba nada a Cela, sólo que para mí el secreto no está en el método ni en la anarquía literaria, sino en el talento, y entonces da igual el whisky, Chicote, la madrugada y la hostia. *Mistress Cadwell* no es mejor porque Cela no daba para más en esa línea, no porque la literatura sea un bachillerato y Chicote impida hacer novelas. Valle-Inclán, más autodisciplinado, escribe libros muy apañados, dentro siempre de su genialidad. Valle ha sabido crear un clima/Valle que se respira en todo lo suyo, y entonces es un escritor, y nadie supo nunca cuándo escribía, pues parece que se pasaba la noche en los cafés de camareras, calle Alcalá, a alguna de las cuales amó mucho, me consta.

—Claro, claro, Miguel, lo que tú digas.

Uno cree sólo en la genialidad personal, no en el método, la disciplina o el orden. Marcel Proust hizo la novela más grande de todos los tiempos, solitario y enfermo, con el original desbarajustado, buscando los folios debajo de la cama. Es igual. Estaba haciendo la lectura en profundidad de su vida, y eso es más importante que las putas barrocas de Cela o los pardales de Delibes. Creer en los procedimientos es una forma de luchar contra la impotencia propia o ajena.

Baroja

CELA confesó siempre que su maestro era Baroja, pero su prosa tiene mucho más de Valle-Inclán —voluntad de estilo—, y me parece que CJC, al pronunciarse por Baroja, estaba borrando sus propias huellas. Una manera de desconcertar a los críticos que, pese a eso, nunca han señalado, que yo sepa, las vinculaciones del gallego con el vasco.

Lo que sí es cierto es que Cela y Baroja tuvieron una gran amistad, o cuando menos, la tuvo Cela con Baroja, ya que el viejo no se enteraba mucho de a quién recibía, o, dada su senilidad, fingía no enterarse. Un día fueron a verle unos cuantos falangistas, al mando de Ponce de León, todos de uniforme, y Baroja les decía:

—Yo, antes, bajaba un poco ahí al Retiro a darme un paseo pero ahora, con esos cabrones de falangistas, es que no me atrevo.

La foto genial de Baroja paseando por el Retiro la hizo Basabe, un gran fotógrafo de la cosa, que últimamente se dio al chinchón y, en un reportaje sobre el hipódromo, jamás me hizo un caballo ganador en la meta, porque siempre le pillaba la cosa con sed y se iba al bar a por otro chinchón.

—No te preocupes, Umbral, que tú es que eres nuevo, pero aquí hay muchas salidas y llegadas.

Basabe murió prematuramente y diciéndome:

—Yo no creía, Umbral, que esto iba a ser para tan pronto.

Baroja estaba con su abrigo y su boina todo el año, escribiendo en el despacho. César González-Ruano y Marino Gómez Santos también iban algunas veces a verle.

Un día que era el santo de Baroja, Camilo se presentó con una tarta monumental, que el viejo lamerón, avariento de sus dulces, encerró en un armario:

—Pero qué barbaridad, oiga usted, qué pedazo de tarta, es inmensa, está usted loco, esto le tiene que haber costado por lo menos un duro.

—Más o menos, don Pío.

A casa de Baroja iba mucha gente, y yo creo que ésos son los que han difundido la imagen del gran novelista, por darse importancia ellos mismos. Baroja es un hombre de apariencia bohemia, pero nada bohemio, de escritura desastrosa y de estructura inexistente, en sus novelas. Lo mejor sobre Baroja lo dijo Pérez de Ayala:

—Una novela de Baroja es como un tranvía, donde se sube y se baja la gente y no sabes adónde van.

Y no se trataba de una novedad estilística sino de la pura desgana de Baroja, que escribió siempre contra el castellano y sin leer lo del día anterior, para que la cosa tuviera alguna continuidad. En realidad le daba igual.

Un día se presentó en la casa Marino Gómez Santos con una máquina de escribir:

—Deme sus manuscritos, don Pío, que yo se los pongo a máquina.

El viejo estaba un poco desconcertado, pero esta relación fue fructífera, duró algún tiempo y le dio a Marino para escribir quizá su mejor libro, una semblanza del viejo novelista vasco.

Por todo esto digo que la adhesión de Cela a Baroja no se entiende. Eran el estilista contra el narrador de historias. Pero Baroja era el único 98 tolerado por el sistema —salvo el inofensivo Azorín—, e ir a ver a Baroja era como ir profanamente a ver a una Virgen de Lourdes en bragas.

Luego se contaba en el café:

—Esta tarde nos hemos acercado a ver a don Pío, hombre, coño, que está allí solo escribiendo novelas.

Aunque Baroja tiene cientos de visitas y, como ya se ha dicho, la puerta abierta. De la visita a Baroja siempre salía un artículo, porque Baroja siempre tenía frases, salidas, cosas, como aquello de «sólo soy un fauno reumático que ha leído un poco a Kant». Camilo le ha dedicado numerosos artículos y ensayos a Baroja, pero siempre sin profundizar. Cela no es un hombre de ideas sino de frases. Y tampoco es un narrador de historias sino de anécdotas. Cela se lució más con Solana, ese Baroja de la pintura, que con Baroja. Solana es mucho más escritor que Baroja, pero no se le ha leído.

El niño terrible

APARTE sus desplantes y frases de continua provocación, Cela empieza pronto a definirse como un niño terrible por razones más profundas. En un país y una época donde se seguía cultivando el realismo decimonónico, enriquecido con un poco de realismo social, como es el caso de *Los gozos y las sombras*, de Torrente Ballester, resulta efectivamente provocador este novelista que en cada libro ensaya una fórmula nueva, y todas de vanguardia. Esto apenas si lo apuntaban los críticos de la época, que le «perdonaban» a Cela sucesivas novelas en la esperanza de verle volver al realismo lineal y aparentemente plano de *Pascual Duarte*. Pero el verdadero tremendismo de Cela no está en sus anécdotas sino en sus experimentos, sólo más tarde tenidos en cuenta, y que, como se explica en este libro, suponen una inquietud profesional que por entonces no tenía nadie en España.

Cela, aunque no hable de esto, está leyendo a Dos Passos, a Faulkner, al Sartre de *Los caminos de la libertad*, etc. Sabe que en el mundo ha muerto la novela del XIX y a su vez está muriendo la novela testimonial, sólo defendida por Sartre, pero por un Sartre mal leído o no leído en absoluto. La novela tiene que abrirse al mundo sobredimensionado de la segunda posguerra mundial y sólo el experimentalismo puede salvarla, del mismo modo que se está salvando el teatro e incluso el cine. Dice Faulkner que toda buena novela deja grandes zonas de sombra. Dos Passos opta por la novela de multitudes, por la numerosa novela de Nueva York. Sartre mezcla la narración con la filosofía, *La náusea*, o aplica la fórmula del simultaneísmo y llega a mezclar hasta cinco conversaciones o sucesos en un párrafo. Con todo este material a la vista, que Cela se ha trabajado calladamente, no es posible ponerse a escribir, mediado el siglo, una novela como *El señor llega*.

Sólo algunos críticos empiezan a detectar la puesta al día de Cela, su vinculación con la nueva novela europea y americana. Cela, por natural hermetismo, por no dar pistas y porque trabaja para el futuro, sigue ensayando una fórmula en cada nuevo libro. El citado simultaneísmo, el absoluto laconismo de la muerte, el lirismo que pudiera evocar a Virginia Woolf, la novela de masas como *San Camilo* y otras experiencias más fuertes que vendrían después.

Lo que nunca se ha dicho es que Cela no era un niño terrible por sus bromas de café o cabaret, sino porque estaba revolucionando silenciosamente la narrativa española y sólo la generación posterior, algunos jóvenes de los 50, como Aldecoa o Martín Santos, lectores asimismo de lo que se escribía en el mundo, comprenden al maestro, aunque prefieran hacer sus propias experiencias. *Oficio de tinieblas, Cristo versus Arizona, Mazurca, Madera de boj*, etc., son libros que leemos ya en la convicción de que Cela no ha nacido para contar plácidamente una saga familiar porque descree de la novela decimonónica, aunque todavía la respete, y porque su temperamento innovador, rebelde, inquieto, más el afán de estar al día, le llevan a fraguar novelas heterodoxas al paso de la vanguardia europea y norteamericana.

Sólo en un país tan asordado como éste se pudo ignorar durante muchos años el despegue de la novela española que estaba llevando a cabo CJC, él solo, mientras algunos críticos, provincianos aunque académicos, hablaban de las excentricidades de Cela y añoraban sus primeros libros o leían los relatos de viajes, que siendo perfectos, no eran la novela, la gran novela que se volvía a esperar del maestro. Muchos años más tarde, cuando el Nobel premiase a Cela, comprenderíamos que se premiaba en él la revolución de la narrativa española, la exploración del género en todos los sentidos, la puesta al día de técnicas y audacias que sólo los más avanzados de Europa se permitían.

El aparente casticismo del «cazador de iberismos», como dijo Ortega, era la imagen que teníamos de este narrador. Su continua experimentación desconcertaba e incluso los más sabios volvían a remitirse a *La colmena*. Hoy, cuando la experimentación es lo habitual y ya ni siquiera se llama vanguardia, aquellos libros de Cela pueden quedar como clásicos de lo nuevo, pero nunca tuvieron su momento fuerte de apogeo, que tanta falta nos hubiera hecho frente a los Gironella, Zunzunegui y los consabidos muñidores de trilogías familiares a lo Roger Martin du Gard. Cela esperaba el reconocimiento de su esfuerzo, pero nunca lo exigió. Por otra parte, ya queda dicho que temperamentalmente estaba predispuesto sin remedio al juego y la sorpresa de las infinitas posibilidades de una escritura en libertad. Su manera peculiar de calcular una novela y el inevitable lirismo de visión y lenguaje le llevaron siempre a trabajar espacios nuevos donde su impar manera de prosa alumbrase formas nuevas como esculturas insólitas.

A Cela le hubiera sido muy fácil seguir seriando viñetas madrileñas, como efectivamente lo hace en sus *Nuevas escenas matritenses*, pero quizá, dentro de su paciencia, siempre tuvo la impaciencia de no perder el tren. Y él sabía qué trenes estaban pasando. Las novelas que hemos citado fueron bendecidas con el Nobel, pero, con o sin premio, están ahí como formas novísimas de un escultor en prosa. A nuestros sabios siempre les ha interesado poco lo de fuera, de modo que menos les iba a interesar la novedad insólita de un señor a quien habían visto empezar, muy aplicada y provechosamente, en el realismo que, según dicen, es la marca de lo español hasta Azorín y Baroja, que ninguno de los dos son realistas. Y así es como Cela llega al Nobel sin haber dejado nunca de ser el niño terrible a quien hay que perdonarle tantas cosas, pues el chico es listo.

El café

CELA llegó al café en una mañana soleada de los cuarenta. Aparecía de vez en cuando, pero nunca fue un asiduo. El centro literario del café, por las mañanas, era la tertulia/escritorio de César González-Ruano, allá al fondo, debajo de un espejo y con el beneficio de la luz, si estaba despejado.

Cela había descubierto en Ruano, de quien era vecino, esa manera rápida y brillante de ganarse el jornal literario que era el artículo. Y se lanzó a hacer artículos para toda la prensa de la época, oficial y particular, de Juan Aparicio al monárquico *ABC*. Mas he aquí que el artículo no se le daba a Cela con la facilidad, gracia y redondez de César. De modo que a lo suyo lo llamó «Apuntes carpetovetónicos», lo que luego le permitiría a Ortega definir a CJC como «cazador de iberismos». Costumbrismos.

Se dice que una vez estaba don José en la barra del Gijón, como un aparecido, y Cela se acercó a saludarle, pero Ortega no le conocía:

—Soy Camilo José Cela.

—Así es mejor. ¿No prefiere usted que le conozcan por su nombre a que le conozcan por su cara, joven?

Hubo unas jornadas literarias en Béjar, organizadas por Gaspar Gómez de la Serna. El franquismo llevaba a los escritores de excursión como luego el Inserso ha llevado a los ancianos. Mientras los otros prosistas y poetas se dejaban conducir hacia las bellezas naturales e históricas de Béjar, Cela se fue por libre a visitar la fábrica de los famosos paños, y a la noche volvió al hotel con dos cortes de traje regalados. Cela ha sabido siempre conjugar las armas y las letras.

Venezuela, el país que ustedes ya saben, encargó a Hemingway que les escribiese la novela nacional, con un gran precio. Pero Hemingway rechazó el patriótico encargo y Cela se ofreció para hacerlo por mucho menos dinero, pues que la peseta no ha alcanzado nunca la generosa cotización del dólar. Le aceptaron, y el libro, *La Catira*, no gustó nada, pues que los venezolanismos eran de diccionario y la gente no se reconocía en el habla. Visto hoy el libro, me parece una buena imitación de las novelas americanas de Valle-Inclán. Pero se hace pesado por la cargazón de venezolanismos. Cela quiso ser autóctono y se pasó. Los culebrones venezolanos de hoy guardan mejor las formas dialectales.

El modelo del personaje de La Catira es una poetisa venezolana, bella y vieja, que todavía anda por ahí, cursi, recordando al Cela que siempre amó.

Pero CJC no sólo se trajo de Caracas un puñado de dólares, sino —dicen— un racimo de esmeraldas que llevaba al café perdidas por los bolsillos. César, que se deslumbraba con todo lo que brilla, como los gitanos, le pedía una esmeralda al otro:

—Siquiera un regalo para Mery, Camilón...

Pero Camilón había llevado las esmeraldas al café para enseñarlas, no para venderlas.

Y menos para regalarlas. Pero ya dedicaremos un capítulo a la relación César/Cela, que es novelable. Por entonces eran los dos escritores más famosos de España, cada uno en lo suyo, y con los pisos paredaños. Eso da para mucho. Cela decía por entonces:

—Ruano es un cursi pasado.

Y muchos siglos más tarde:

—La prisa. Le perdió la prisa.

La verdad es que Camilo José ha tenido siempre la virtud de la calma y el saber esperar. Eso es una cosa que siempre da dinero, más que vender el alma a un diablo imprentero que paga nunca y mal.

Yo conocí a Camilo en el Gijón una tarde de calor en que se presentó de improviso y se sentó en la mesa de las escritoras. Estuvo abanicándose con el abanico de Eugenia Serrano, que era ya una colchoneta con pies, aunque todavía dada al vicio del querer. Le hice una entrevista lamentable y, cuando le pregunté por los jóvenes —yo era joven—, me dijo:

—Todos muy buenos. Ponga usted cuarenta, cincuenta, los que quiera.

Nuestro conocimiento oficial fue en el Príncipe de Viana, comiendo, cuando nos presentó García Nieto. Pepe debía haberle hablado de mí como de un Garcilaso en prosa, porque me pidió de golpe tres libros y me ofreció la dirección de un semanario que iba a sacar. En el Príncipe de Viana, un filósofo fascista, Jesús Pueyo, me quiso hostiar por rojo, pero se interpuso el ministro de Cultura, Reguera Guajardo —«Reguera/cuerpo»— en mis columnas.

CJC hacía su editorial con dinero de Huarte, el constructor, que era un hombre fino y sensible. A veces aparecía en una firma de Camilo con su esposa, una dama siempre de turbante. Años más tarde debió separarse de la del turbante y casó con Marta Moriarty, una bella criatura rubia que tenía un chiscón en Ópera, donde vendía el cómic negro y otras modernosidades a los posmodernos incipientes. Luego puso una galería de arte en Almirante, reforzada sobre todo por la moda de Ceesepé, al que un día pregunté en un tren, de madrugada, qué tal había dormido, y dijo:

—No me acuerdo.

Para aquella revista que íbamos a hacer le pedí a Camilo una sección, «Diccionario de tacos», y no me dijo que sí ni que no, muy gallego él, pero al cabo de un año o así salía su *Diccionario secreto*, dos tomos, que era exactamente mi idea. Camilo vendió mucho y me alegro. Huarte había regalado a Cela, que entonces era su hombre/capricho (todo millonario necesita uno), un piso en Torres Blancas, edificio modernísimo de Sáenz de Oiza, audacia en piedra que hoy ya se ha quedado vieja.

Por dentro, los pisos parecían diseñados por Dalí, con curvas, cuestas, desniveles y una sensación de relojes blandos. Allí nos recibieron a mi mujer y a mí los Cela, o sea Charo y él, en ocasión grave e íntima, pero luego no hablaron nada y aquello parecía la burla de un Magritte pasado por Dalí, la caricatura de una visita burguesa. En las paredes no había Dalís ni Magrittes, sino unos abstractos de Millares que me fascinaron. Cela, al margen de valentías legionarias, tenía una faceta burguesa, correcta, protocolaria, tiesa y aburrida, artificial, con la que creía halagar a todos sus abuelos ingleses.

Ya no iba nunca por el café, Camilo. Un día Huarte le retiró el dinero, porque aquello no andaba, pero Cela había puesto en valor unos cuantos escritores, como Vicent, Torbado y yo mismo.

Ríos Rosas, 54

En aquella casa, altos del Hipódromo, vivían Cela, Ruano, Lola Gaos, el pintor Viola y más gente del arte. Ruano recibía allí a mucha gente, por las tardes, aunque luego cogió la costumbre de irse a escribir al hotel Fénix, al anochecer, y allí redactaba algunas veces la *Penúltima hora* de *ABC*, que era una columna toda en negritas y firmada abajo con iniciales. En general, César estaba ya cansado, enfermo, más que viejo, y aquella breve columna solía dejarme triste al día siguiente, en el periódico, porque el maestro se iba, el amigo tardío, el modelo.

En Ríos Rosas escribió Camilo *La colmena* y un día quiso echar el manuscrito al fuego, porque no le gustaba nada, pero Charo lo salvó a tiempo de la chimenea. A mí me sigue pareciendo la mejor novela de Cela.

Camilo andaba por la casa con batín de cuadros, fiel a su modelo, que ya he comentado, de escritor inglés, aunque luego, hacia fuera, iba de todo lo contrario. Ruano vendía Matisses falsos que le fabricaba Viola y Camilo vendía artículos falsos que le había hecho César:

—Anda, César, que a ti no te cuesta nada. Tengo que entregar el artículo del *Arriba* y no me queda tiempo de hacerlo.

La verdad es que Cela nunca encontró con facilidad la fórmula para sus artículos. Uno de los que le fabricaba Ruano resultó tan celiano que Juan Aparicio dijo:

—Esta vez el Camilón se ha pasado. Esto no lo publico.

Es frecuente que la copia sea superior al original. Charles Chaplin quedó el segundo en un concurso de Charlots. Ya he contado aquí que CJC envidiaba secretamente la facilidad de César para el género y la facilidad para cobrar, aunque el gallego tampoco era manco para llevarse la pasta sin envolver. He contado asimismo lo de los cortes de traje de Béjar, aunque esos sí se los envolvieron. La primera vez que subí al piso de Ríos Rosas, a por una foto de Ruano para una entrevista que le había hecho, recuerdo que no había puerta sino un saco a modo de cortina. No me atreví a levantar el saco y mirar dentro de la casa. Me volví sin la foto.

Viola se subía a la azotea con sus grandes lienzos, los tiraba en el suelo y allí pintaba tumbado. Cada vez que ponía en pie un cuadro el viento norte de Madrid lo hinchaba como una vela y cobraban cuerpo los apóstoles invisibles que Viola no había pintado.

Era el gran abstracto madrileño, era el pintor de moda, el gitano aragonés, el amigo de Luis Miguel y Villaverde, el rojo que se había integrado en la callada orgía del franquismo. Luego se fue a vivir al Escorial, con otra mujer y otros hijos, y allí moría años más tarde. Un cuadro vertical de Viola es como un Greco del que han huido los apóstoles. Viola siempre fue de capa española, por evitar el smoking, a las bodas de las nietas de Franco. Eran maneras de engañarse a sí mismos que tenían los rojos de campo de concentración nazi.

En otro piso de Ríos Rosas, 54 vivía Lola Gaos, la gran actriz que siempre hizo de bruja en el cine y en la vida. Era una mujer de alma ronca, con toda la belleza del odio en su cara de pintura expresionista. Los Gaos eran todos artistas, mayormente poetas. El mejor, Vicente Gaos, fue un hombre de inteligencia de cuchillo, alma de desgarrón y versos de madrugada, el que siempre despertaba a todo el vecindario porque quería matar a alguien. Estaba en todas las antologías, era violento, escribía muy bien y hoy se ha borrado de la letra impresa y de la memoria como se borran los poetas, que son ángeles estraperlistas ascendidos al cielo de los anónimos y arrancados para siempre de los libros, hasta de los suyos.

Un prosista nunca se muere tanto, deja siempre alguna huella, lo suyo es más consistente, más táctil, pero la levedad de la poesía es un humo azul o blanco que el poeta ha fumado en vida. Cuando muere, ese humo cesa y él no es ni siquiera un ánima del purgatorio, sino que vaga por todos los limbos, que son las bibliotecas. Sólo se salvan los poetas muy buenos, de Rilke para arriba.

A Gaos lo retrató muy bien Vicente Aleixandre con una frase: «Aguilucho como Vicente Gaos.»

Son Armadans

CELA se fue pronto a Mallorca, dispuesto a hacer vida retirada y trabajadora a la sombra del mar de renglones clásicos y a la sombra de los March, quizá. Allí le visité en una calle estrecha, en un piso pequeño de la ciudad, con su mujer y su hijo, escribiendo en la terraza por las mañanas. De mi conversación con él saqué entrevistas en todo Madrid. Cela hizo en seguida la revista *Papeles de Son Armadans*, se dice que con dinero de los March, porque Cela siempre ha tenido un rico de ángel de la guarda. La revista era inteligente, pues que prestaba sombrajo a todos los grandes y pequeños del exilio.

Así es como Cela se hizo una fama de rojo en el mundo. Yo no quise colaborar nunca en *Papeles* porque a los españoles de España no nos pagaba, pese a lo cual algunos presumían de que Cela les había pedido un ensayo o unos poemas. Si no pagaba las colaboraciones y recibía algún dinero de don Juan March (que estaría así penando por poco dinero y ayudando a los que su guerra había echado de España), era evidente que Cela ganaba algún dinero con la revista. Y, lo que es más importante, un dinero fijo, pues que se mantenía con los suscriptores.

Luego ha hecho lo mismo con *Los papeles de Iria Flavia*, pero con menos éxito y menos ganas. Ahí sí que he publicado alguna cosa al principio. CJC ha tenido varias veces en su vida este tirón de la soledad y el retiro, del trabajo constante y monacal, pero eso es sólo una de sus compulsiones, pues luego se aburre, trabaja menos de lo pensado y se va por el mundo a dar conferencias, conocer mujeres y frecuentar a los viejos amigos que echa de menos.

Estos dos tirones contrapuestos explican mucho la vida, la obra, la personalidad de Camilo, así como otros sistemas de bipolaridades: la vida social y el campo solo, el trabajo erudito y la dispersión viajera, un natural ruralismo y un imposible dandismo de nieto de ingleses. Sin estas contradicciones no se entiende a Camilo. Yo creo que no las resolvió nunca o no quería resolverlas. Después del Nobel se metió en una finca de Guadalajara, y al poco tiempo se venía a un chalet de Puerta de Hierro, lo más esnob de Madrid.

En las siguientes visitas a Cela, en Palma, lo encontré ya instalado en un chalet de categoría, con otro chalet en línea, que le había comprado a un militar, y que sólo estaba dedicado a biblioteca. Camilo, el hombre errante de sabidurías al paso, necesitaba nada menos que otro chalet para almacenar sus libros y consultarlos, desalojando al ejército mediante la cultura.

Fue cuando De la Cierva, o uno de esos —¿Sánchez Bella?—, le ofreció medio millón mensual por presidir el Ateneo de Madrid, y Cela aceptó, mas por entonces Franco fusilaba a cinco miembros del FRAP, ignorando el telegrama de Pío VI, Pastor Zascandilus (el primer Papa que viajaba). Y Cela renunció a su cargo y a su medio kilo, una fortuna para los 60, quedando así como consagrado del antifranquismo y candidato al Nobel, que recibiría muchos años más tarde.

Camilón, en Mallorca, me llevó de excursión por los bares de la noche, conduciendo a velocidades de vértigo, y con curvas de arrepentimiento, pues que sabía de mi miedo a la velocidad. Del mismo modo que a Pilar Trenas la tiró a la piscina vestida. Y del mismo modo que me enviscaba sus doberman en el jardín, sabiendo de mi miedo a los perros, que hoy es amor y capacidad de persuasión y ternura.

—Charito, dame un bombón.

—Que no, Camilo José.

Sus mujeres le han llamado siempre Camilo José, porque saben que le gusta, como a mí las francesas me han llamado Franciscó, con acento, porque no les dice nada el tableteante Paco. Lo cual que Camilo estaba ya a régimen y Charo se cuidaba de que lo guardase. Camilo decía sin parar cosas maravillosas, y merendaba a golpe de gong, pero Luis Cantero, mi acompañante, demostró que era un mal periodista, pues, en lugar de escuchar al maestro, le interrumpía con preguntas tópicas que a él le parecían muy periodísticas.

Mi única técnica periodística, en el tiempo de las entrevistas, ha sido dejar hablar al personaje, que siempre será más interesante en el monólogo que todos llevamos dentro, presto a salir, que en el diálogo convencional del cuestionario.

—Charito, dame un bombón.

—Que no, Camilo José.

Eran los tiempos dulces y baleares en que el matrimonio vivía una paz resignada y triunfal. Luego, ambos se metieron en líos y la cosa acabó como el rosario de la aurora, sólo que todas las joyas y platas del rosario se los quedó la viuda en vida, la mujer que había salvado el *Pascual Duarte* y *La colmena* del fuego eterno.

A la noche, Camilón, sabiendo de mi miedo a la velocidad automovilística —no a la aérea ni a la ferroviaria, que una tampoco es una histérica—, me llevó por las calles de Palma a velocidades vertiginosas y hacia ninguna parte.

Palma. Pere Gimferrer tiene en sus dietarios una anotación donde se rebela contra esa apelación franquista (en vida de Franco), pero desde que Franco murió no ha vuelto a decir nada. Franco era rentable. Franco muerto no interesa a nadie.

Así es la política y así es la literatura. Visité alguna vez más a CJC en Mallorca. Al atardecer acudían plenas damas de la clase bien de la ciudad provinciana —se puede ser provinciano en mitad del mar— a merendar con Cela y rendirle sus frutos al monstruo. Se dice que con una de ellas tuvo un hijo y que, a la hora del Nobel, exigió presentarse con su niño en Estocolmo. Como, por otra parte, le apremiaba la legítima Charo, Camilo clausuró el avión que había alquilado para los amigos y me dijo:

—A tomar por retambufa. Me voy solo con Marina.

Lo entendí muy bien.

Una noche cenábamos en Zalacaín con Camilo, García Nieto y Víctor de la Serna. Ya con sus copas, Camilo dijo:

—Mañana temprano tengo que estar en casa para asesinar a mi mujer y su amante, que ahora estarán juntos en la cama.

Pero no pasó nada.

A un hombre ilustre no le puedes hacer una cosa así, porque no solamente te cargas el prestigio entre el vecindario, que de ahí no pasa, del vecindario, sino el prestigio universal del marido. La que hace eso es digna de todas las lapidaciones, Cristo por medio, pero Camilo se tomaría venganza mucho más tarde, dejando a la vieja por vieja:

—Supongo que al Nobel irás con tu mujer y no con esa puta —dijo Charo.

Cela no dijo nada, pero se fue con Marina, la samaritana de su vejez. Bien hecho, coño, y qué grandiosa venganza.

La cucaña

EL primer título de los proyectos memorialísticos de Cela es *La cucaña*. Se trata de una imagen popular y poco original de la cucaña que al parecer es la vida, sobre todo la vida española, que nos obliga a subir por un palo resbaladizo para capturar allá arriba un salchichón reseco, aunque lo normal es que el cucañista resbale a mitad del camino y quede sentado sobre el suelo. El juego es muy metafórico y rústico, cosa de pueblo que ya no se practica ni en los pueblos, pero a Cela siempre le ha gustado mucho tan vulgar imagen y la utiliza incluso para titular, como vemos. Sólo muy avanzado su trabajo desaparece *La cucaña*, cambiando por otros títulos generalmente más afortunados, como el muy lacónico de *La rosa*, que aludimos repetidamente en este libro.

El memorialista de *La rosa* era por entonces un niño de expresión un poco asombrada, y ropa infantil no carente de gracia y buen gusto, es decir, un niño de clase media tímido y bien arreglado. El adolescente de años más tarde se peina el pelo para atrás como los hombres, es guapito de cara y ya sabe ponerse serio y no asombrarse demasiado. Lleva el cuello de la camisa abierto, con las puntas por encima de la chaqueta, lo cual fue muy sportivo en aquellos años 20 o así. También lleva un pico de pañuelo en el bolsillo alto. Es bien presentado sin llegar a elegante. Su padre era uno de aquellos padres de flequillo partido y capaz de posar con una flor en la mano. P. Varela, pintor, fotógrafo y grabador, inmortalizó a la familia en Lugo hacia 1887. El abuelo, Camilo Cela, tiene algo de labriego bondadoso. El padre del escritor fue lector de Nietzsche, e incluso se hizo una cabeza un poco nietzscheana. (El nietzscheanismo atenuado persiste aún en el hijo.) Hay una foto suya, ya viejo, donde da de comer a las palomas de la plaza de Cataluña, y gasta sombrero duro. La madre de Cela fue una niña rubia y clarísima. Camila Emmanuela Trulock pasó la época romántica haciéndose fotos de estudio como se hacían pintar el abanico. Cela tiene un bisabuelo en Londres y ese bisabuelo tiene una calle donde el escritor se retrata, todavía joven, con sombrero negro, abrigo de los 50, guantes y pantalón un poco corto. Doña Camila, vestida de novia, hacia 1915, es una imagen suave y realista tocada de un ligero anglosajonismo. Pedro Bueno, en 1944, le hizo a esta señora un retrato con calidad y poco encanto. Todavía visitan sus padres al escritor en Palma de Mallorca, años 50. Es cuando él se ha dejado una barba grande y muy negra, saliéndole a la cara lo que tiene de moro involuntario y hasta un poco sombrío.

John Trulock es visto en Iria Flavia hacia 1916, a tiempo de hacerse un retrato con su nieto. Es la época en que el niño va pasando de mano en mano, y en seguida va a parar al regazo de la madre. Hacia 1917 da su primer golpe de estado y salta de los regazos familiares a un caballo de cartón. La casa de Iria Flavia lucía a veces la bandera inglesa y mucha floralia, al gusto de los abuelos maternos. La tía Chucha perdía el tiempo entre las consolas esperando novio. La tía Anita era la progre de la época, con grandes coletas caídas y algo de mujer del Far West. Asimismo, esta señorita criaba papada. La tía Chucha, en 1920, se pone moño y lleva a Camilo José bien arregladito, con pantalón muy corto, calcetines blancos y zapatos cerrados. Camilo José también aparece en los años 20, pisando el mar en Barcelona, como un niño milagroso, y usa traje un poco marinerito, de acuerdo con la ciudad marítima por donde le pasea su padre. Es la época de hacerse las fotos familiares con los primos, lo que supone empezar a tener sentido del clan, ese sentido que a veces dura toda la vida. Aquí aparece su hermano Juan Carlos en brazos del ama, que es una especie de mulata a cuadros con turbante y cara de burra. Su padre le lleva a hombros.

He aquí, pues, el mundo de *La rosa*, cuando a Cela le pasan los deliciosos episodios que narra en este libro. Ya hemos dicho que no se trata de una autobiografía lineal sino de una serie de flashes como un fotomontaje de la infancia celiana. Esto nos lleva a sospechar que algunas de las anécdotas sean inventiva del escritor, lo cual no le restaría nada al libro. En cualquier caso, Cela tiene muy fina pluma para acercarse al mundo infantil y su sicología, presentándose como un niño más, primogénito y algo mimado, lo que quizá explicaría el carácter un poco egoísta y siempre enérgico del escritor adulto.

Lo que ahora ha aparecido en Espasa es una nueva edición íntegra, que añade unas cincuenta páginas a la edición de Destino. Estas páginas, según explica vagamente el autor, fueron perdidas y encontradas. En cualquier caso resultan homogéneas respecto del grueso del libro, no tienen nada de añadido y se integran perfectamente en la totalidad. La continuación de *La rosa* podemos encontrarla en *Memorias, entendimientos y voluntades*, donde la narración cubre casi toda la adolescencia con la misma ingenuidad y lozanía de lo anterior, es decir, de lo narrado por un niño listo y faltón.

Quizá nunca estuvo en la intención de Cela llegar más lejos en la crónica de su vida. Se limita a jugar con su prodigiosa sensibilidad para los mundos ingenuos de la infancia. Las abruptas cuestiones del adulto requerirían otro tratamiento y otro libro, libro que de momento desconozco. La intención de estos escritos de tema infantil es puramente lírica. Lo que viene después requeriría pasar a la dialéctica, donde Cela puede ser pétreo y absoluto, como lo ha sido en algunas novelas. Tiene muchas querellas pendientes, pero no parece dispuesto a enfrentarlas, según me ha dicho más de una vez. Uno prefiere que haya salvado al niño narrador y parlero, dejando ahí ese prodigio de sensibilidad infantil, de observación minutísima y de gracia. Los avatares de los adultos son mucho más aburridos.

José García Nieto

EL poeta García Nieto era un joven asturiano que se hizo famoso en un concurso de la radio, de la mano de Bobby Deglané. Hijo único y huérfano de padre, decoró los primeros cuarenta con sus bellos sonetos y su presencia de joven dandy de provincias, presencia demasiado evidente como para asumir un verdadero dandismo. Hizo revistas literarias, montó —digamos— un sistema de correspondencia poética con todos los jóvenes aficionados y profesionales de España, llegando a una suerte de capitanía general del verso, cuando él no se había propuesto capitanear nada, y menos bajo el signo político de los vencedores de la guerra, ni bajo ningún otro signo.

Creía en la poesía pura y apolítica, ahistórica, y esto entonces no se perdonaba. Era mejor ser falangista o comunista. El torreburnismo de García Nieto molestaba a unos y otros. Así es como este poeta se encontró con una autoridad no buscada y una culpabilidad inocente, digamos. En el Café Gijón hizo amistad con Camilo José Cela, esa amistad difícil de Camilo, que ha dado a muy poca gente. Cela prefiere ser correcto y cortés a esa «obscenidad» de la amistad íntima. Con

García Nieto la tuvo. Fueron el príncipe y el tirano del Café.

Pepe era unos años mayor que Cela, pocos, y puede decirse que la autoridad moral la tenía García Nieto y el despotismo ilustrado lo llevaba muy bien el novelista, todos bajo el beneficio de Juan Aparicio, que necesitaba jóvenes valores para disimular el vacío de la guerra. Juan Aparicio es el que les dio la coloración falangista a ambos, aunque no eran falangistas ninguno de los dos.

Falangistas mucho más comprometidos, pero «arrepentidos», «liberalizados», despreciaban al prosista y al poeta como fascistas y vendidos, cuando ellos se retiraban porque ya no les quedaba nada que vender. En principio no se entiende bien la relación de dos caracteres tan opuestos, pero es que Cela era hombre de iniciativas y García Nieto se adhería siempre con generosidad a las causas que valían la pena, y admiraba mucho la inteligencia de los otros, cosa muy rara en España, donde la inteligencia del prójimo despierta sospechas cuando no odio. Pese a esos años que le llevaba a Camilo, García Nieto (al que acabamos de enterrar, con ochenta y tantos y larga enfermedad mental) se sometía a las audacias del joven, que le hacían gracia, y así es como llegaron a un todo, el maestro secundando al discípulo. Con nadie se confesó tanto el novelista como con Nieto, pero Nieto a su vez se confesaba conmigo, y por eso sé algunas cosas. No todas son para contarlas.

Alguien dijo que la amistad es más fuerte que la familia o el amor. Según qué amistad, claro. La de Pepe y Camilo, por ejemplo. Y es que el engranaje del inteligente sumiso y el ordenancista inspirado funcionó muy bien. Camilo acabaría pagando tanta amistad con la

Academia para Pepe, que la veía lejana, y con el premio Cervantes al poeta ya volado a sus poesías interiores.

Se compenetraron muy bien. García Nieto siempre puso más fidelidad y Cela más autoridad y protección. Como frígidos políticamente, cada uno a su modo lo hicieron muy bien, y esto era otra cosa que no se les perdonaba. Cela, en el fondo, siempre fue un poeta. No olvidemos que empezó con un libro de versos surrealistas y título gongorino: *Pisando la dudosa luz del día*. Y, sobre todo, que en la prosa de Cela hay siempre una luz de lirismo que él da muy sobriamente, pero a la que no puede ni quiere renunciar. Cela admira a Nieto profesionalmente y Nieto es el que mejor canta, a su vez, la palpitación lírica y dura que hay en el bronco novelista. Vivieron juntos muchas aventuras literarias, y Camilo estaba ayer en el tanatorio haciendo compañía silenciosa a un hermano muerto, clásico de sudario y desabrido de gesto.

Cela ante su amigo ensabanado. Cela mirando su muerte en otro. El muerto no le mira, como si estuviese enfadado con él. La querella que no tuvieron nunca, de vivos, la van a tener ahora, de muerto uno y de visita el otro. He estado un rato mirándoles a distancia. Cela, por su edad, por sus enfermedades, seguro que piensa mucho en la muerte.

Todo lo mucho que ha escrito sobre la muerte en su vida, le viene ahora, o se le vuela para siempre. Con la muerte sólo se puede hacer literatura. De la muerte se puede decir todo, menos qué cosa sea la muerte. Estoy persuadido de que a Cela no se le ocurre nada literario en estos momentos. La literatura nace de la aleación del tiempo con la muerte. Sin tiempo sólo hay un hecho brutal, un hombre caído de los duros andamios de la vida. Y, con el tiempo, el muerto ya es otra cosa, una joya de ausencia, la ausencia de una joya. El tiempo va hilando su muerte literaria, mentirosa, mutable, que es el candelabro nuevo, pero envejecido, que se pone en el lugar del viejo candelabro de una vida.

Ahí están los dos viejos amigos, ante mí, sin tener nada que decirse, como tantas veces, bastándose con su amistad, con un silencio zumbante de conversaciones remotas. He ahí una amistad cumplida. El vivo es el que asiste al mutismo del otro. El muerto es sólo un amigo enfadado: así he visto siempre a los muertos.

Cela tiene apetito de dinero como tiene o ha tenido apetito de todo, en esta vida. Creo que entiende el dinero como triunfo más que como rendimiento.

Con dos vocaciones tan contrapuestas como la de hombre rico y la de escritor pobre, minoritario, Cela ha conseguido conjuntarlas, plantearse siempre proyectos muy ambiciosos e ir viviendo de los que le han salido, que otros no. El dinero le afirma en sí mismo tanto como el triunfo social, pero sabe que el dinero es implacable con los tontos, con los pobres y con los resignados. En un principio triunfó para ser él. Luego ha triunfado por ser él.

El inglés

«Voy por la vida de beligerante», dijo Cela ya en la vejez. Exactamente, así iba por la vida exterior, pública, literaria. Pero luego, tratado en la intimidad, Cela era el alcaloide de lo convencional, como aquello de hacernos bajar por una difícil escalera a una pequeña bodega para servirnos un vino, sólo uno, antes de la cena.

De sus abuelas inglesas, de su esnobismo innato, había heredado Cela el protocolo del whisky, la exigencia de servilletas de hilo —«con las de papel parece que vamos a cagar»—, los trajes con chaleco y el corte de pelo.

El luchador Camilo me parece a mí que descansaba en lo convencional, en el protocolo, en la manera común y correcta de hacer las cosas, que le evitaba durante un rato el hacerlas a su manera: romper platos con la frente, etc.

Cela, protocolario, es el único español que se queda rígido cuando le abraza el Rey, sin intentar en absoluto abrazar él al soberano. A los reyes no se les toca. Cela, convencional, sabe subrayar el convencionalismo de una frase cuando es de mera educación y poco sentida. ¿Cuál sería, entonces, la «naturalidad» de Cela, si es que existió alguna vez? Uno diría que Cela carece de naturalidad incluso en sus actos más naturales.

Y por aquí pudiera despuntar un ápice de dandismo, sólo que él ni juega a eso. Desde muy joven, Cela quiso ser otro, el que él imaginaba, y lo fue. No un dandy precisamente, sino un tipo bronco entre Valle-Inclán y Baroja, sus dos modelos máximos y callados.

Cela siempre hizo de Cela. Es Baroja en la prontitud de la frase adusta e ingeniosa. Es Valle en la galanura de la prosa, sobre todo el segundo Valle, el que tiene ya superados el Modernismo y las Sonatas.

El convencionalismo, siendo una farsa, a veces hacía más grato a Camilo, le humanizaba, digamos. El protocolo, siendo otra farsa, o la misma, hacía más tratable a Camilo, pues el protocolo es una puerta falsa para entrar a fondo en la verdad. Gracias al protocolo damos la mano a un rey, pero de ese estrecharse las manos puede nacer una verdadera amistad. Cela siempre hizo buen uso de estas dos armas, convencionalismo y protocolo, y también le sirvieron para abrirse paso en la difícil y abrupta vida española.

El genio todo lo aprovecha y Cela aprovechó bien la herencia de sus abuelas y abuelos anglosajones. Inglaterra, como Cela, ha practicado siempre, al mismo tiempo, el protocolo y la piratería.

El vagabundo

CELA se apoda a sí mismo «el vagabundo» en los libros de viajes, donde yo creo que tiene su mejor género, aunque ignoro si muy vendido o no.

El vagabundo se inicia con el *Viaje a la Alcarria*, del que ya hemos hablado aquí, y culmina con *Judíos, moros y cristianos*, que es un paseo cultísimo por Castilla la Vieja. En estos libros hay capítulos vividos y capítulos inventados, y se nota la fragancia de unos sobre otros, pero todos son buenos y gratos de leer. Con esta veta, Cela da salida a otra de sus vocaciones no realizadas: la de hombre de los caminos que recoge la luz de la hoja nueva cuando todavía vibra en el árbol. Esta vocación queda en parte frustrada por el eterno tirón mundano de Cela. El vagabundo dice que rodea siempre las ciudades, que nunca entra en ellas, pero su vida real ha transcurrido en las grandes ciudades, empezando por Madrid, que es donde están los millonarios y los banqueros.

Lo que CJC aporta a la gran ciudad, o lo que obtiene de ella, es dinero nudo y puro. En los pueblos aprende dialectos, toma nombres inesperados y legítimos de las cosas, conoce la España itinerante, se encuentra con los tipos del camino —cada vez menos—, y consigue llenar su libro de olores silvanos y manjares posaderos que disfruta líricamente. Cela es, como Pla, un lírico del buen comer.

En los viajes de Camilo está la España actual, la España de entonces, años 40/50, solapada de una España histórica/ahistórica que es la que le sirve como coartada para hacer crítica del presente.

Cela, en persona, está siempre de parte de los judíos, que son los que tienen el dinero, e incluso debe tener algún doctorado honoris causa por alguna Universidad hebrea. De los árabes, tan españoles, en cambio, ha llegado a decirme:

—Porque estarás de acuerdo conmigo en que a los árabes no les debemos nada.

Les debemos nada menos que a Platón, pero yo no decía nada. Para ser amigo de Cela había que ser elogioso con moderación y favorable con fanatismo. Pero yo no estaba dispuesto a asumir los grandes juicios planetarios o históricos de mi amigo. Los otros, los pequeños chismes, los dejaba pasar, porque me daban igual, como cuando a Torrente Ballester le llamaba Torrente Ballesteros.

—Eso de confundir los nombres del enemigo da muy buen resultado, Paco.

—Tienes razón, Camilo, pero lo mejor es ignorar al enemigo, silenciarle eternamente, no citarle jamás, ni para bien ni para mal, no hay nada tan destructivo como el silencio.

Y se tomaba la sopa pensando en que yo tenía razón.

En sus viajes por España, Cela ha recogido lo mejor de los frutos, las cosechas, los alimentos, los vinos, con nombre y detalle de todas las cosas, y aquí aparece el discípulo de Azorín, que se enamora de una palabra que suena bien y encima difunde la vastedad del castellano. Por ejemplo, «matazón» por matanza. La matazón del cerdo, muy usado en algunos sitios, aunque nunca lo he oído en mi Castilla Vieja y Nueva. Matazón tiene más tragedia y matanza tiene más domesticidad. Así es como la sabiduría de Camilo se hace infinita y todos sus oidores aprendemos de él.

Personalmente, me interesa más un escritor con la pasión por las palabras, que son vida y sensibilidad, que un escritor —novelista— con pasión por las pasiones, que siempre son vulgares y zoológicas. Así he hecho mi obra y así la hizo Cela. Por eso puedo decir que se me muere un profundo, vasto e incesante maestro.

El vagabundo almuerza

En todos los libros de viajes de Cela hay un momento, o muchos, en que el vagabundo se detiene a almorzar. A almorzar, a cenar, a desayunar o lo que fuere. En estos libros encontramos almuerzos de posada, de figón, de caridad, de cuneta y otros varios. Así, Cela nos va dejando un itinerario puntual de cómo se come en España, o mejor de cómo se comía entonces, que casi todo aquello ha cambiado. Hay almuerzos abundantes e inesperados, desayunos patéticos del hambre, cenas sin cena y otras cuitas del estómago, que es cosa que al escritor le preocupa mucho. En general, sacamos la impresión de que en España es difícil comer andando de camino, y quizá se coma mejor en el camino que en el avión internacional, con todo plastificado.

Si uno lleva el zurrón colmado puede organizarse su propio almuerzo u otra comida, a la vera del camino. Es inolvidable aquel momento en que Cela pesca dos truchas en un río. Hace fuego, un fueguecillo miserable, y se come una trucha asada, y la otra cruda, «de postre, como una manzana». Lo más apetitoso y apetecible de estos yantares celianos son los comistrajos que él se prepara con un poco de queso viejo, una sardina en aceite que ha perdido el aceite, como la señorita que pierde el chal, una astilla de jamón, un pedazo de pan que sabe a pueblo y unos tragos de vino que son mil vinos mezclados y saben a vinagre. Todo esto parece muy sabroso a las seis de la mañana, cuando se despierta el primer pájaro.

En los mesones más o menos nombrados Cela encuentra de todo: posaderos generosos y bien surtidos, posaderos escasos y malhumorados, mozas de tierno sonreír y un suavísimo vello negro en los antebrazos desnudos. Pero lo más frecuente es que en la posada o en la pensión la comida sea escasa, mala y cara. En España no se come bien, al menos en la España mesetaria que recorre el vagabundo. A veces se topa con otro vagabundo, se toman la fe de bautismo mutuamente y acaban juntando meriendas, con lo que resulta un festín muy inesperado y agradecido, aunque siempre en pobre. Sin duda, en la España burguesa de las casas de campo se come mejor, como en una granja, pero estas casas suelen cerrar la cerca al vagabundo por si roba una gallina o le toca el culo a una que estaba tendiendo la ropa.

Hay en España tres o cuatro escritores que han dado encanto a la literatura gastronómica: Álvaro Cunqueiro, José Pla, Julio Camba y el propio Cela. No tienen nada que ver, estos maestros, con los escritores o tratadistas meramente gastronómicos, que son muy aburridos y consecuentes. El escritor escritor, que además come y cuenta lo que come, suele hacer de los platos un bodegón optimista y coloreado, así como Quevedo y Cervantes, por el contrario, se inventan la leyenda del hambre nacional mediante sus personajes, que se quedan siempre a medio cenar. Los escritores gastrónomos ahora citados van contra esa leyenda. Una paella de José Pla tiene el amarillo justo del mediodía mediterráneo, aunque Pla diga que el amarillo es el color de los locos. Un pote gallego de Cunqueiro perfuma hasta aquí, y rebosa de abundancias eruditas y adjetivos felices y estimulantes. Un almuerzo de Camba en Casa Ciriaco es un almuerzo ruidoso y lleno de corrientes de aire, cosa que cabreaba mucho al maestro, pero también incluye la lubina más sabiamente elegida, una lubina como un violín, y aquellos cafés ingleses que don Julio se hacía preparar como cuando estaba en Londres. Un tentempié de Cela, en La Pepica de Ávila o en la Salamanca de Fray Luis, es un rayo de vino blanco, lleno de sol y guarnecido de cosas para picar.

Hay que anotar curiosamente que nuestros grandes escritores del paladar suelen comer poco, pues no hay que confundir al gastrónomo con el comilón, como no hay que confundir al estilista con el Tostado. Lo característico del buen comedor y el buen bebedor es el hacer su trabajo despacio, con una servilleta de pico al cuello y sin perder el hilo o la rueda de la conversación, pues el hombre fino come para hablar y nunca habla para comer. El vagabundo celiano reúne todas estas virtudes y otras, y acostumbra cenar huevos fritos, pero media docena. Estos yantares que amenizan los viajes del vagabundo tienen un sabor especial y al final todo acaba sabiendo a Cela. La comida, más que un alimento, es la seña o la contraseña de un país, y eso es lo que va buscando el buen viajero, antes que llenar la tripa. Efectivamente, por su manera de guisar conocemos la calidad de un pueblo, la finura de sus mujeres, la inteligencia de sus pescados, la gracia de sus verduras, la varonía de sus carnes y la filigrana de sus postres. Cela, insistiendo en el tema gastronómico, cuando va de vuelo, satisface su buen apetito y nos da el sabor de la canela y el punto del arroz. Español profundo, gran conocedor de las Españas, lo ha probado todo como todo lector debe probar el almuerzo en un libro de Cela.

La política

LA familia de Cela, por parte de padre, pertenece a una clase media docente y galaica. Por parte de madre le viene al escritor el anglicismo, un deje aristocrático, que acabaría dando como fruto el marquesado de Iria Flavia, y que convierte a Cela, con los años, en una especie de liberal/conservador inglés, salvado el trámite de la guerra civil y su opción por el bando de Franco, del que luego se mantendría en prudente distancia. Pese a lo cual, sufre algunas denuncias de falangista o aficionado por parte de la extrema derecha.

En la madurez de su vida, y después de haber jugado a la apertura con las gentes del exilio, lo cual le ennoblece y le prepara el camino al Nobel, Cela es exactamente eso, un liberal/conservador inglés fincado en gallego clerical laico y caracterizado por no escribir nunca de política.

A mí me lo dijo muchas veces, ya en el sistema democrático:

—Una pluma como la tuya es una pena que la ocupes tanto en política. Los políticos son todos unos mediocres.

Pero CJC, desde que vino con el Nobel, queda filiado implícitamente como un señor de la derecha, y vive tal cual, atenido a un monarquismo más amistoso que político. En esto del apoliticismo de Cela hay varios puntos que señalar:

• Nunca ha escrito sus memorias en profundidad porque no puede o no quiere contarse como soldado de Franco o como afín a los triunfadores de la posguerra. Una tarde en que empecé a hablar de las malversaciones del señor Girón, Cela se levantó y se fue.

• Nunca se ha confesado políticamente en profundidad porque hay en él algo de franquista residual que se mezcla con la natural nostalgia de la propia juventud personal.

• Cela ha hecho política por otros caminos, ganando dinero en negocios que siempre me han parecido limpios, a lo que se me alcanza, y esta habilidad suya para atraer el dinero es lo que le ha permitido no escribir de política, ni de nada, durante largas temporadas, a pesar de lo cual es un gran trabajador de la pluma.

• Le molesta que haga política yo, en mis artículos, pero sobre todo que haga «cierta» política. Si me hubiese arrimado más al poder o a la derecha o a la monarquía me hubiera considerado más descendiente suyo.

• Durante la posguerra, Cela suple la militancia de izquierdas por un tremendismo de vida y obra que le convierte en el niño terrible de aquella España mansueta. Es el mismo truco de Jean Cocteau o Salvador Dalí en Francia: ni derecha ni izquierda, sino una rebeldía venial y menor que confunde su derechismo o llega a interesar intelectualmente a la izquierda.

Todo esto hace que Cela llegue a su vejez muy distanciado de los jóvenes, que por otra parte no le han leído y están rindiendo culto a valores muy secundarios, pero plateados de progresismo.

El penúltimo descubrimiento de Cela, en esta vida, fue que ni siquiera después del Nobel puede un hombre decir su verdad impunemente, a no ser que haga profesión de solitario, olvidado y seguramente no entendido. A los jóvenes de los cincuenta nos epataban los libros y los hechos de Cela, en aquella España, pero la juventud actual ha ido mucho más lejos en todo eso, aunque no con igual talento ni gracia, de modo que Cela no les epata, sino que es un viejo al que no le han cogido la clave.

Sólo entre los profesionales, entre los eruditos y estudiosos, hay algunas minorías que no renuncian a la significación de Cela y que, al margen de la anécdota (en la que también viven inmersos los progres), estudian despacio las categorías estéticas y los conceptos españoles o liberales del gran escritor gallego. CJC quiso mantenerse marginal a la política, pero eso se paga con el olvido (JRJ) o el desprecio. Y es que toda generación nueva busca en el artista no sólo el modelo estético, sino un modelo moral, un modelo de vida, que es de lo que más necesitada está la juventud.

La preguerra

En los años republicanos y revueltos de la preguerra, Cela es un joven sin otra cultura que la de la academia de su propio padre. Se apunta a unos cursos universitarios de don Pedro Salinas, que sigue incompletos. Salinas, aparte de poeta aún no muy revelado, como todo el 27, lleva el don por sus dotes didácticas, pero Cela tampoco termina esos cursos. No sabemos si se lo impide la guerra o qué.

Mientras va de universitario con inquietudes, Cela se infiltra en las tertulias de María Zambrano con sus versos surrealistas, que luego integrarían *Pisando la dudosa luz del día*, primer libro de CJC.

María Zambrano cultivaba un cierto pensamiento lírico, bajo el beneficio de un safismo teórico y virtual. María Zambrano, leída como pensador, no es más que un poeta metido en honduras que se le oscurecen, y leída como poetisa es una buena prosista que se pierde y desvía siempre hacia la tentación intelectual.

Cela, pues, es un escritor novel que pasa por todas las agonías del desconocimiento, hasta que se mete en la guerra o la guerra se mete en él. Es cuando se presenta en una aduana política y el tenientillo le pregunta:

—Bien, está todo bien. ¿Por qué no se ha pasado usted antes?

—Porque estaba esperando a ver quién ganaba.

En su batallón, le toca estar unos meses varado por el barro y la guerra en los pueblos de Extremadura. Allí, mirando la España profunda, donde los cerdos se comen a los bebés, se le ocurre el *Pascual Duarte,* que luego escribiría por el revés de los folios oficiales de algún sindicato.

Al *Pascual Duarte* se le han hecho muchas lecturas. La política es la que menos le gusta a Cela, y por eso mismo la más verdadera. El señorito coruñés y madrileño descubre de pronto que hay una España de albañal, que no es la Castilla del chopo ni la Galicia del ensalmo, sino esta Extremadura sin más mitología que la pobreza ni más antología que las cabras.

Pascual Duarte lo mata todo, empezando por su perro. Cela nunca ha querido explicarlo. Pero el *Pascual Duarte,* de tanta connivencia con *El extranjero* de Camus, al que se anticipa, nos da un tipo que mata gente, perros y viejas, porque no tiene otra respuesta al mundo violento que ha conocido. En *El extranjero* se mata sólo a una persona. Pascual lo mata todo (aparte de que tiene mucha mejor prosa que Camus). El caso es el mismo y viene de Kafka, sólo que K. es sumiso ante las instituciones, y los héroes de Cela y Camus reaccionan a tiros.

Fuimos juntos al estreno de la película y me dijo de malhumor:

—Esto no tiene nada que ver conmigo.

Comprendí su explicación a medias. En Cela, en la literatura, todo es ambiguo, es y no es, es y parece o es y no parece, se juega con el equívoco y la gratuidad, de donde nace la poesía. El director Franco, dando expresamente las intenciones políticas, y hasta la historia, convierte una novela poemática, misteriosa, en un documental de la guerra o preguerra civil en España. Hace obvio lo entredudoso y sacrifica la poesía. En este sentido, es cierto que la novela no tenía nada que ver con aquello. El cine siempre será inferior a la literatura porque necesita mostrar las cosas. ¿Se podría filmar *Las flores del mal*?

Imposible. La metáfora, cuando se hace visible (Dalí lo intentó), pierde toda su magia. El realizador Franco había convertido la metáfora de Cela en un texto de bachillerato. El destino de toda gran obra es acabar roma y triste en la mente de unos adolescentes embrutecidos. Es lo que llaman Enseñanza Media.

El fascismo

CELA no es fascista en ningún momento de su vida política. ¿Pero es que Cela ha tenido realmente una vida política? Al menos ideológica, aunque muy concreta y bien guardada. Los propios fascistas de los cincuenta le llamaban fascista por sus amistades con el mando y un algo mussoliniano que creían ver en su cara y su gestualidad.

Cela pudo parecer fascista por autoritario y despótico, pero luego se ha visto, con los años y el trato, que todo era literatura. Cela a quien quería parecerse era a Valle-Inclán en la prosa, a Baroja en las novelas, a Azorín en los arcaísmos, etc., casi todo el 98.

Nuestro escritor está mucho más cerca de los judíos que de los nazis, y hoy mantiene buenas relaciones con el Estado israelí. Siempre aspiró a buen burgués y lo ha conseguido. Tiene una cierta afición militarista, pero es más estética que ideológica. Hubo un tiempo en que le fascinó la violencia —es cinturón negro—, pero no era otra violencia que la del español medio, que más o menos está en todos nosotros. La esencia del nacionalnazismo es la teatralización de una gran revolución, una manera sabia de no hacer nunca esa revolución. Pero

Cela no es hombre de disciplinas, fingimientos ni anonimidades al servicio de un jefe.

Vista la cosa históricamente, resulta que Hitler pretendía apoderarse de toda Europa y homogeneizarla, uniformarla. CJC, por el contrario, en cualquier época de su vida ha sido patriota de su patria, gozoso de la diversidad del mundo, como lo muestra en sus libros de viajes, y ajeno a todo igualitarismo, incluso el económico. Pero esto ya sería otro tema.

Censor y delator

EN los medios literarios se sabía o se decía que Cela, en la primera posguerra, había sido censor y delator. Parecía difícil entender a un censor tan censurado como Cela, aunque aquí es frecuente el caso del alguacil alguacilado. Cela se iba fabricando un personaje rebelde y solitario que no iba bien con aquella débil leyenda del fascista o el delincuente político. Cela era más bien un escándalo en la paz oscura de España, y lo fue hasta muy adelantadas las cosas.

Blas Piñar, en su revista *Fuerza Nueva*, fue el primero que publicó una carta de Cela a algún alto organismo, ofreciéndose para confidente político en una misiva donde su correcto estilo literario presentaba las cosas mucho más ingenuas de lo que en realidad eran. Pero a esta carta no le contestó nadie nunca. Cela no servía para político ni para policía, era un aficionado, un espontáneo, y aquel sistema ominoso no se regía por espontáneos. Nunca llegaría, pues, a denunciar a nadie, y, de haberlo hecho, su censura habría sido pintoresca, inadecuada, nada profesional. Sin duda, olvidó pronto sus malos propósitos.

En cuanto a lo de la censura, él siempre ha explicado que, en su chiscón de censor sin categoría ni autoridad, sólo tenía que censurar mensualmente una revista u hoja parroquial, llena de fervores e ingenuidades, de modo que tampoco.

La carrera franquista y represiva de CJC no iba por buen camino. Así que decidió dedicarse por fin a lo que tanto le atraía y asustaba: a escribir.

En aquel Madrid con hambre y policía al joven parado le era muy difícil llevar una vida de señorito ni ningún tipo de vida, de modo que Cela dependía de sus padres en aquella casa de Ríos Rosas:

—Buenos días, mamá.

—Buenos días, Camilo José.

—Buenos días, papá.

—Buenos días, Camilo José.

Todo esto en un clima de bata de cuadros y chimenea encendida. El ambiente no curtía lo bastante al muchacho ni le lanzaba a la desesperación y el delito político, o su gloria. El ambiente era más propicio para escribir novelas, pasear por la Castellana o por Serrano, olvidarse de que las putas son caras y enfermas, incluso olvidarse de que hay putas. Parece que Cela tuvo una novia más o menos espectacular por aquellos años. La ha sacado en *San Camilo* y algún otro libro con nombre exótico y referencia fabulada: en plena guerra, un obús la sacó un ojo en la calle de la Madera. Todo demasiado celiano como para ser verdad. Cela era un señorito con vocación de malo y atroz, como casi todos los señoritos de entonces, y en ese personaje imaginativo, falso, soñado, se comprende bien al aspirante de policía o de delator. Las relaciones de aquel futuro escritor con el franquismo nunca fueron ni buenas ni malas, sino que ni siquiera existieron.

CJC tenía demasiada inquietud de poeta como para dedicarse a otras cosas. De lo que tenía vocación, en realidad, era de Lautréamont, de conde, de Isidoro Ducasse, quería escribir poemas presurrealistas al piano, pero lo que no había en aquella casa tan burguesa era un piano de poner obscenidades, de modo que la carrera de maldito se le quedó también a la mitad al niño Camilo José.

No había más remedio que sentarse a escribir a mano, despacito y buena letra, que es lo que a Cela le atraía y le daba tanto vértigo.

Pero se puso.

La rosa

En estos días en que escribo se reedita *La rosa*, unas memorias de Cela que se circunscriben a la infancia. El libro cuenta una serie de sucesos de los que es protagonista o víctima el autor, y digo víctima porque toda infancia es un largo victimaje bajo el amor o el odio de los mayores, que ni ellos mismos saben lo que les pasa con nosotros cuando somos pequeños.

Así, el episodio de las tías que se conjuran para hacerle creer que es viejo viejísimo, y que alguien le ha engañado con eso de que es un niño. Se siente muy desgraciado y llora. O la cacería de moscas con su tío, que también le engaña. Cela, como todo niño mimado, fue un niño mentido. Así es la pedagogía española y el crudo aprendizaje de la infancia.

No se trata, pues, de unas memorias ordenadas cronológicamente, sino de una «gavilla de fábulas sin amor», como Cela llamó a otro libro suyo. El resultado es magistral, delicioso, lleno de ese humor duro de CJC, que trenza violencia y ternura con muy sabio pulso. A su salida, el libro se anunció como primero de unas memorias totales pero nunca tuvo continuación.

Toda la obra de Cela está poblada de proyectos fallidos, de trilogías interrumpidas, lo cual manifiesta que al escritor se le acumulan las ideas, le urgen las revelaciones y acaba dejando atrás lo que, efectivamente, ya está completo y cerrado. Su impaciencia, su sobreabundancia, más su clara visión de lo que está haciendo, le permite abandonar actualidades muertas y seguir por otro camino. Así, *La colmena*, primera entrega de la trilogía *Caminos inciertos*, que nunca pasó de ahí, de la iniciática y magistral primera obra.

Puede ser, asimismo, que su devoción por Baroja llevase a CJC a planear trilogías que en realidad eran una superfetación mental negada luego a la realidad, al ponerse a escribir. Cela es muy cauto y sabe que repetirse y continuarse siempre es peligroso (hasta para Cervantes). El éxito de *La colmena*, lejos de animarle a repetirse —como a tantos exitosos— le dona la cautela de no tocarlo ya más, «que así es la rosa».

Pero ahora sí venía anunciando Camilo José una reedición de sus memorias, aumentadas. Nunca supe si se refería a *La rosa*, aunque lo dudo, o a las memorias de juventud que hizo después del Nobel: *Memorias, entendimientos y voluntades*. Este libro sí es susceptible de prolongaciones o engrosamientos, pues que resume nada menos que la «adolescencia cruel», como la llamaría él mismo, ya con toda la familia asentada en Madrid.

Si antes de terminar este libro tengo ocasión de ver esas nuevas o renovadas memorias podré dedicarles un comentario. Todo lo autobiográfico es especialmente interesante en Camilo José, porque él ha frecuentado poco el género y porque, puesto a confesarse, confunde artística y eficazmente la verdad con la fábula. Hay escritores, o aficionados, de una fidelidad pedestre a su curriculum. Cela, por el contrario, es incapaz de contar sin inventar, aun creyéndose muy riguroso. Y ahí, en esa confusión está la impronta y el secreto mismo de su literatura.

Y puede que de la literatura.

Muerte de César

GONZÁLEZ RUANO había estado enfermo de muchas cosas, pero fue a morir de cáncer de vejiga, una cosa que no le había molestado nunca. A César, 1965, le ven los médicos de Londres y Nueva York.

—¿Y qué le ha parecido a usted Nueva York, César?

—Una ciudad muy recoleta.

En Londres encontró asilo en casa de Jesús Pardo, que era corresponsal del *Madrid*. A Pardo le había conocido yo en el Gijón, y era, como dice César en sus *Diarios*, «afectadito e insoportable», pero buena persona. Vuelto recientemente a España, cuando termina también su corresponsalía de la agencia Efe, intenta la novela sin gran fortuna y luego se lanza al libro comercial, las memorias jarrapellejos, que es el libro que nunca se debe hacer.

Ahí, insultando a todo el mundo, cuenta la estancia londinense de César en su casa, y la reduce a unas cuantas miserias de viejo, enfermo y obseso, que a él, tan puritano inglés, debieron escandalizarle, pero que son propias de cualquier marqués español, y César era ante todo un marqués español y antiguo, aunque supernumerario.

Ya muy enfermo, se enamora líricamente de Consuelo, la mujer de su hijo. Es un hombre que no puede vivir sin el amor. Es un romántico o un clásico, como gustéis, pero necesita la imagen de la mujer en su soledad sin imágenes, y mejor la mujer soñada e imposible, numerosamente imposible. Cuánta vibración lírica y doméstica en las cortas y castas líneas que dedica a Consuelo.

César muere en diciembre del 65, en su casa de Ríos Rosas, y le veo tendido en el suelo, como había pedido, o sea como un rey antiguo, mientras los periodistas hacen algazara en alguna habitación. Yo me voy a otra, a llorar. A la vuelta, en un taxi, entrada la noche, Raúl del Pozo dice algo que suena como un vergajazo de una verga en la cara:

—Y pensar que no volveremos a reírnos más hasta que se muera Azorín.

Quedé elotizado como la mujer de Lot, hecho estatua de sal, la sal de mi propio llanto. Para todos aquellos periodistas la muerte de Ruano no era más que una fiesta. Para mí, era la pérdida de un padre, el hombre que me enseñó a hacer el artículo y a ganarme la vida, y encima me pagaba el café.

Al día siguiente, por la tarde —tarde morada de diciembre—, fuimos Gerardo Diego y yo, en un taxi, al entierro de CGR, como firmaba últimamente. Motoristas municipales con plumero y público, gente popular que le metía en la cesta de la compra, fresco de besugos frescos y perfumado de hortalizas. Gerardo siempre había querido a César y una vez me describía la casa de Concha Espina a través de las descripciones de César: «La ciega me mira como si me viese.»

Luego, Cansinos nos contaría los amores de doña

Concha con Ricardo León, dos recamados antiguos que no hicieron fortuna póstuma.

Cela no escribió nada a la muerte de Ruano. Eran demasiado geniales e insoportables, los dos, como para soportarse en una misma casa. Camilo siempre había tenido celos del Ruano articulista, del hombre popular y dandy que ganaba el dinero con facilidad y escribía con urgencia. CJC ha sido un escritor más lento y le ha costado más complicaciones llevarse un duro de algún sitio.

En el entierro de César no estaba Camilo, que se encontraría en Mallorca o en América. O quizá aquí en Madrid. Recuerdo de nuevo su frase sobre el escritor madrileño:

—Está pasado. Es un cursi.

Pero había miles de españoles que le seguían todos los días hacia el pasado nada cursi de su lírica. Camilo ha intentado luego ser cursi todos los domingos en *ABC* y no lo ha conseguido. La cursilería bien entendida es nada menos que la sensibilidad proustiana para el tiempo y sus cuatro trastos. Camilo tiene esa sensibilidad, pero la utiliza sólo en algunos libros. A Ruano, naturalmente, nunca le hicieron académico. La historia de la Iglesia es la de sus errores, como la de la Academia. Pero en su obcecación está su grandeza, de modo que deben insistir. El ingreso de Camilo ya lo he contado. Fue un ingreso a los 40 años.

Con César habíamos estado dos años antes en el entierro de Ramón, que su viuda, Luisita Sofovich, una judía argentina, le había traído muerto a España. El entierro de Ramón fue una cosa muy ramoniana, con orquesta en el patio de cristales del Ayuntamiento, donde luego pondrían a Tierno Galván, reverencias de Agustín Lara, un César temulento de frío, el chotis *Madrid* y mucho Chicote, Gran Vía, intelectualidad, etc., como si Ramón tuviera algo que ver con todo eso.

Yo me había lavado la cabeza aquella mañana y hacía un viento marceño, de modo que César me dijo:

—Lo comprendo, Umbral, todos hemos sentido mucho lo de Ramón, pero tampoco era necesario eso —y miraba a mi melena alborotada y romántica.

A Ramón le pusimos sobre Larra, en la Sacramental de San Justo, un cementerio bastante romántico, al otro lado del río, en lo que he llamado siempre «la colina de los muertos» (hay allí varios cementerios reunidos). Madrid, Madrid, Madrid.

Ramón fue el primer escritor que metió literatura en los periódicos. No como el 98, no como Azorín, socapa de Historia o ensayo, de folletín o folletón, sino como literatura nuda y desnuda, y hasta la metió en la radio, artículos o greguerías. De él venimos todos, gremialmente, porque gracias a sus greguerías los directores descubrieron el sabor de aquello y esa cosa insólita de que al público le gustaba. Desde entonces no se ha parado de dar literatura periodística, sin azorinismos ni valleinclanismos, sino como el lujo dominical o diario de un periódico serio.

Las greguerías, por su brevedad, permitían hacer esto, que era como darle un caramelo al lector al final de toda la prosa política y mazorral de las páginas.

Y el tema nos lleva a Cela. Ya he dicho que a Cela no acabó de irle nunca la literatura de periódico, y ésa es una de sus pequeñas frustraciones. El artículo diario resuelve muchas cosas, literaria y económicamente, pero tiene que enganchar, y los directores saben cuándo engancha, no hay manera de engañarles. Cela no enganchó nunca por demasiado literario, por demasiado original o por demasiado banal. El artículo es banalidad, pero lo bano y lo vano, con be y con uve, han de esconder una acidez de verdad, una miel de revelación que Cela nunca puso en este género.

Porque el artículo hay que hacerlo con amor, aunque sea para 24 horas, y un crítico, quizá el propio César, había dicho una vez:

—Camilo no ama a sus personajes, por eso se le mueren en seguida.

Un joven escritor/periodista recogió la frase como propia en una revista, quizás *Punta Europa*, de los Oriol —¿Opus?—, y desde entonces Cela le odiaba, sin saber que no era más que un plagio cuyo original estaba en su amigo Ruano, a quien no había querido regalar esmeraldas en Venezuela, siquiera una para Mery.

Podríamos añadir que Cela no amaba a su público, por eso no podía hacer artículos que se acercasen a la entrañabilidad del pueblo. Para eso hay que ser un emotivo que principia haciendo la farsa del llanto y acaba llorando. En los artículos de Cela no hay una progresión emocional, sino una losa de palabras en latín y castellano viejo, más algún chiste erótico, porno o disolvente.

Aparte defectos de forma, los artículos de Camilo presentan esta deficiencia emocional que requiere el lector de periódico, que no tiene tiempo más que para los impactos: el impacto del gol, el impacto del KO, el impacto del fusilamiento, el impacto de un artículo corto, violento y sentimental, como su propia vida.

CJC nunca ha dado eso en un artículo —sí en sus libros, curiosamente—, y de ahí que los artículos, crónicas o columnas se le vengan abajo solos. Una columna es una pequeña gran historia, donde a Cela le sobra y le falta por todas partes. Ya digo que el dinero del artículo —tal como un Nobel podía cobrarlo— debía haberle resuelto muchas cosas, pero he visto cómo varios directores le despedían: Cebrián, Pedro J. Ramírez, y puede que hasta el *ABC*, que lo intentó.

La Alcarria

UNA tarde me lo dijo José García Nieto en el café:

—Que me ha llamado Camilo esta mañana, que se celebran los no sé cuántos años del *Viaje a la Alcarria* y que quiere un homenaje en Lhardy.

Aunque yo había seguido siempre muy de cerca la vida literaria madrileña, no llegué nunca a imaginar que los homenajes se los organice uno mismo, porque, si no, no hay un dios que te homenajee. Camilo quería que entre Pepe, Marino Gómez Santos y yo montásemos el número como efluvio natural de fervor literario de las masas. Una mierda. Había que llamar por teléfono a mucha gente. Más que por odio a Camilo, por odio al teléfono, le dije a Pepe que yo no iba a hacer ni una sola llamada. García Nieto, siempre sabio, delicado y exquisito, no le dijo nada de mi abstención a Cela, de modo que, cuando llegué a Lhardy para el almuerzo, Camilo me saludó agradeciéndome los servicios prestados. Por una vez engañé a un gallego. Luego engañaría a otros muchos. Con toda la pompa y circunstancia de aquel homenaje comprendí cómo se fabrica la gloria literaria de Madrid, a mano y en casa, uno mismo. Luego aprendería que, por encima de estas efemérides, al que vale —incluido Camilo—, le va depurando el tiempo y queda de él lo que tiene que quedar. Los literatos acostumbran a confundir la gloria con los grandes banquetes, y esto es por las hambres levantadas que soportan, pero ya ha llegado a España la crítica científica y cada uno está en su sitio, con Lhardy o sin Lhardy.

Aparte los manejos de Cela, *Alcarria* es un libro bellísimo, sencillo, corto, lírico, realísimo, emocionante de simplicidad y talabarteado de verdad.

Para releer *Alcarria*, libro que prefiero entre los del autor, tengo que olvidarme de la sucia trama que montó desde Mallorca para ser recibido en Madrid como un gurú.

El hombre hace una obra de emoción limpia y el gestor de su gloria —que es él mismo, o el mismo— estropea la biografía con sus veniales manejos para conseguir una nota de prensa. El buen lector, ajeno a todo eso, lee o no lee a Cela, y a tantos otros, por instinto, por olfato, por amistades o porque la verdad sobrenada la charca de oro de los montajes.

Viaje a la Alcarria no sólo es un libro de sencilla y novísima belleza, sino que nos devuelve a la tradición viajera del 98 —Unamuno, Azorín, Baroja—, y rehabilita un género olvidado entre los españoles. Los españoles, como todo lector inculto, están viciados por la costumbre de la novela, buena o mala, pero el género monográfico de Cela es el libro de viajes, todos ellos buenos, donde acumula sabiduría, itinerario, descripción, narración, metáfora y verdad de la España profunda. Nadie ha amado y estudiado tanto las Españas como Cela, pero este pueblo cerril no se lo reconoce. Buscan la novela, siempre la tediosa aparatosidad de la novela. Cuando *La Estafeta Literaria* (Ateneo, Opus Dei) se ocupó de uno de estos libros, José Julio Perlado reproducía unos párrafos líricos del maestro preguntándose «¿qué es esto?». Sencillamente, era poesía dialogada, pero el Opus odiaba a Cela «porque no era un poeta de contenidos». Luego vinieron los chicos de Florentino (Pérez Embid), que estaba enamorado de un joven fotógrafo mío, Garrote, y cuando éste le hacía fotos, primero se quitaba el chaleco de punto —«porque me engorda»—, aunque todo él era una pura gordura deglutiente y casta. Le quitaron la revista al alegre fascista Ponce de León y es cuando todo les parecía escandaloso en Cela, mientras al rumano/católico Horia le daba el Goncourt en París y luego se lo quitaban por su pasado fascista.

Es importante *Alcarria*, por sí misma y porque inaugura o reinaugura en España la literatura de viajes, que supone una huida a la España profunda, para salvarse de los continuos homenajes de Madrid y de la gloria de los periódicos. Por eso me jodió que Camilón organizase homenaje a libro tan puro y comprendí una vez más (esto es cosa que nunca acaba de comprenderse) que la pureza lírica nada tiene que ver con la pureza/impureza corporal. *Viaje a la Alcarria* es un libro corto y perfecto porque no tiene argumento —salvo el asunto natural que da la vida—, y Cela donde falla es en los argumentos. Tampoco encontró nunca una fórmula no argumental.

Su gloria y ventaja está en el libro itinerante como

los de Kerouac, pero la novela es un compromiso burgués al que los editores no quieren faltar. Cela no quiso faltar a ese compromiso y siguió llamando *novelas* a cosas que no lo eran.

Cela y las generaciones

CAMILO José Cela es el escritor más logrado de la posguerra, pero en seguida vendría una segunda generación de posguerra que odia a Cela, como se odia siempre al padre. Aldecoa, Ferlosio, Martín Santos, etc. Estos chicos, que ya leen inglés y han leído a los norteamericanos, entonces de moda —los dos Miller, Capote, etc.—, definen lo de Cela como costumbrismo, mientras que ellos, huyendo del recuerdo infantil de la guerra, se dan a un socialismo estético, gramatical (Ferlosio), ambiental (Aldecoa), de profundidad (Martín Santos), cuya segunda novela publicada después de su muerte nos persuade de que el joven médico vasco ya no tenía nada que decir. Se superaba a sí mismo por barroquismo, pero luego el barroquismo se le hundía, por falta de andamiaje personal. Ferlosio hizo una sola novela en su vida, *El Jarama*, lo que prueba, entre otras muchas cosas, que no se trataba sino de un ejercicio estilístico, nunca de la urgencia comunicadora de un novelista. Aldecoa se define en los límites exactos del cuento, miniando la miseria como en el Renacimiento miniaban el oro, pero, cuando intenta la novela grande, con las mismas fórmulas, se viene abajo. Y es que el ritmo lento del relato corto se hace insoportable en 300 páginas. Por unas razones o por otras, la gente volvía a Cela, ya que la generación siguiente era corta y malograda. Dos de ellos viven poco. Ferlosio tienen larga y feliz vida, pero no escribe o no publica.

El teatro había encontrado un renovador, Buero. El cine había encontrado un renovador, Bardem. Pero la poesía sigue en el socialrealismo y la prosa en Cela. Todo lo que surge en torno es celismo malo o un amago de vanguardia, como los tres que hemos reseñado.

Tanto Buero como Cela tienen, sobre su natural talento, la fortuna escalafonal de que detrás de ellos no viene nadie, y les quedan muchos años de triunfo solitario. Cela se hace torero, se hace actor y se hace académico. El director de la Academia era don Ramón Menéndez Pidal. Un día, Pidal llama urgente a Marañón, porque su mujer está muy enferma. Marañón resuelve a aquella señora y, después de la visita, lavándose las manos, le habla a don Ramón de Cela, como por pasar el tiempo entre toallas: hay que meter en la Academia a ese chico, rebrote del 98, que viene liberal y españolísimo, como sus maestros, y que no está marcado por ninguna clase de falangismo. Cela era un marañoniano más estético que clínico, como todos sus amigos, porque el doctor había vuelto a España con todo el liberalismo puesto, y se había incorporado discretamente a la vida nacional, mientras que Ortega, por ejemplo, seguía siendo un iceberg de soledad que navegaba en las procelas de su público, buscando posada para sus conferencias, hasta que le mostró a Marías un Casino Agrario en la Gran Vía:

—Un poco cursi —diagnosticó Marías.

—Lo cursi abriga —replicó Ortega.

Y ambos quedaron muy satisfechos de la frase, «lo cursi abriga», que no es sino una greguería de Ramón, de su ensayo *Lo cursi*, publicado en *Cruz y Raya*, de Bergamín. El plagio entre los grandes parece que no es tanto plagio.

Cela sale académico gracias a las artes de don Ramón y del doctor. Le viste de académico, en su casa, Luis Miguel Dominguín, así como a él le habían vestido tantas veces de torero. La cosa sale mucho en la prensa sentimental de la época y yo me decido a ser así, un escritor espectacular y desafiante —como Cocteau en París y mi admirado César en Madrid—, para lo cual habría que empezar por trasladarse a Madrid, cosa que todavía estaba muy lejos.

Me recuerdo en la estación de Ávila, de vuelta de una excursión a la nieve, solitario, dudando si tomar el ascendente de Valladolid o el descendente de Madrid. Pero no tenía dinero ni valor para la aventura madrileña, lo cual que volví mansueto a mi Valladolid burocrático, aburrido y putrefaccionado, escasamente sentimental y parado en el tiempo, como el cisne blanco del Campo Grande —El Frondor de mis novelas—, parado en la corriente, «deidad de la corriente», que escribiera Jorge Guillén.

Cela entró en la Academia a todo tren y leyó una gran conferencia plástica y barroca sobre la obra literaria de Solana, y yo creo que las conferencias han de ser así: no ensayos eruditos que letarguizan a la gente, sino cosas visuales, como diapositivas de metáforas en mitad del texto. Un éxito.

Cela luchó toda la vida por meter en el invento a su

amigo el poeta García Nieto, y al final lo consiguió, llegando Pepe a secretario perpetuo, con despacho que tenía salida directa a Felipe IV, y no a la puerta principal. El secretario perpetuo tenía derecho a piso, que Zamora Vicente había dejado vacante, pero mi querido Pepe, el primer hombre que me sostuvo en Madrid, cómplice del mal y del bien, de inteligencia lúcida y corazón asustado, me explicó:

—Este despacho me da una libertad como sabes que la he tenido yo siempre, Paco. Pero si traigo aquí a mi familia bajarán constantemente a pedirme dinero para la lechuga y para el besugo. Estamos mejor así.

Allí le visitaban a diario sus ya viejas novias, chicas de Serrano sin suerte y poetisas americanas que vivían en *ché*, y que se quedaron para siempre en eso, en «poetisas», sin llegar nunca a poetas. Su relación más firme y duradera fue con Pureza Canelo, que hacía unos versos perfectos, pero secos, como los haría una máquina. Con todas ellas nos íbamos a los bares del barrio, pocos, y, sobre todo, a los del Ritz y el Palace. Lo que más nos unió siempre, a Pepe y a mí, fueron las mujeres y la poesía. Hacía años que había puesto su amada *Poesía Española* en mis manos. Por la mañana en la Academia y por la tarde en el vestíbulo del Wellington, al costado de un toro seco, donde Pepe iba a leer, nos veíamos a diario. Ya empezaba con sus mareíllos, «esto es una pijada, Paco, no te preocupes», hasta que le dio el galernazo y se quedó tonto, bueno y vacío, inexistente vivo muy planchado. El día del aletazo tenía 22 de tensión y se había bebido una botella entera de vino.

A Lázaro Carreter lo conocí en Camorra una tarde en que presentaban un libro de Vizcaíno Casas, *Niñas, al salón*, y lo presentaban allí porque Camorra, en su Riscal, había sido asilo de las putas más caras de la posguerra. ¿Y qué rayos hacía allí Lázaro Carreter? Lázaro no sé, pero el autor de *La ciudad no es para mí* estaba en su sitio. Se acercó y me dijo:

—Qué bien escribes, coño.

Y luego ya en intimidades de la conversación:

—Dámaso y yo tenemos proyectos sobre ti.

Los proyectos no podían ser otros que mi entrada en la Academia. Pero han pasado 30 o 40 años, joder, y no he entrado. Lo cuento ahora que he ganado un premiecillo Cervantes. Una salmantina que había estudiado en la Universidad con Lázaro, siempre me dijo:

—Es un raro, no te fíes, pretende ir de rojo.

Cuando gané el Príncipe de Asturias, la mujer de Lázaro me elogiaba el discurso y sus contenidos, en Oviedo, pero Lázaro se limitó a esto:

—Y cómo lo ha leído, qué bien lo ha leído.

De modo que él, presidente del jurado, me había dado el premio porque yo leía muy bien. Pero eso ya venía de la escuela de posguerra, que ahora me niegan, cuando yo les leía *Corazón*, los miércoles por la tarde a todo el curso. Buena voz y conocimiento de lo que estaba leyendo.

Con académicos de esta laya, Cela tenía que resultar revolucionario, heterodoxo, incómodo, fatal, de modo que fue perdiendo vigencia en la Academia, hasta que le dio por no ir, y luego volvió. Cela fue siempre maniobrero muy fino, pero los sabios de la Academia no toleraban a un sabio que además era creador. Yo comprendo que Cela tenía repentes de autócrata, pero además estaba la envidia de los ambiciosillos y la incomprensión de los «clásicos vestidos de gris» (Trapiello), que no entendían a un académico que se metía en las fuentes públicas y andaba de concilio con las putas.

Lázaro Carreter lleva unos treinta o cuarenta años, como digo, prometiéndome la Academia como inminente. ¿Es que no se acuerda de sus mentiras? La única manera de repetir las mentiras es haberlas olvidado. Al final se ha jubilado y retirado, y siempre me manda cartas a mano, prometedoras, que tienen algo de la carnaza que se echa a las fieras poco amaestradas. Me amaestra, me domestica o me teme.

Los fallos de Cela solían ser inversos a lo necesario, de modo que su fondo conservador amaba la Academia y su fondo heterodoxo se reía de la Academia. Con este subibaja nunca hizo carrera. A mí me pronosticó premio Cervantes pero esa misma noche me anunció, cenando en casa de Juliana Calvo-Sotelo:

—Ahora mismo estás más infinitamente lejos de la Academia que nunca.

Yo pensé que él también, y por la misma causa —les habíamos robado un Cervantes a los académicos—, pero no se lo dije, pues le guardaba y le guardo gratitud:

—No me agradezcas nada. Sólo defiendo aquello en lo que creo.

A los dos días, jueves, sesión rutinaria de la Academia, Bousoño, el perdedor, acusó a Víctor, director, de no haber usado a tiempo, en su favor, el voto de calidad. Estuvo tan intemperante que Víctor le hizo «ponerse de rodillas» y pedir disculpas a la Institución, para no ser expulsado.

Víctor García de la Concha tenía prisas místicas ordenando su sacristía, un hacer acelerado y un hablar entrecortado que dejaba en el aire, perdidas, las palabras que él no quería acentuar demasiado. Es director de la Academia y al día siguiente del nombramiento empezó a pensar en su reelección, años más tarde.

Víctor venía de Lázaro como Lázaro venía de Dámaso, porque la Academia es un sistema de dinastías, de tribus y de taifas. Dirigiendo él *Ínsula*, en Espasa Calpe, me dedicó un número completo de la revista, y en todas partes me decía:

—Lo tuyo de la Academia hay que revisarlo y ponerlo en marcha, porque no es posible que no estés.

Pero a los directores de la Academia les ocurre lo que a los presidentes de Gobierno: que sus proyectos callejeros y limpios cambian de perspectiva dentro del Poder, se complican, se imbrican en lo imposible, con lo que acaban por olvidarlos, y tú, que nunca habías pedido nada, pasas de ser el delfín a ser un estorbo, una molestia, un tipo al que se le retira el saludo. Porque yo fui un mal sueño de dos o tres académicos, directores o no, y luego se avergonzaban de su sueño heterodoxo y te borraban de sus pensamientos, de sus sueños y de sus escalafones. Esto me pasó a mí con Dámaso, con Lázaro y con Víctor.

Yo fui una pasión umbraliana de directivos renovadores, pero la realidad del cargo les devolvió a la cordura y me echaron a un lado como eso, como un mal sueño de cuando ellos eran vírgenes y creían en la literatura más que en la administración. Juro no haber sido partícipe en estas orgías interiores de pureza, pero fui culpable, por lo visto, chivo expiatorio de sus arrepentimientos escalafonales.

Víctor es sensible como todos los académicos. Cuando yo empecé a escribir en *ABC* (durante un mes, pero ellos creían que para toda la vida) entré en una sesión de la Academia porque llovía en la calle y yo pasaba por allí. Todos vinieron a recibirme (estaban de tertulia en el vestíbulo) y empezaron a halagarme, el primero el entonces duque de Alba, que luego quiso utilizarme académicamente para derrotar a un enemigo suyo personal.

Sin duda, ante mi presencia de paraguas negro, elegante, y un cierto dandismo casual (de donde venía era del Ritz), hicieron la ecuación unánime: Umbral/ABC = Academia. Pero no había tal y no volví por allí. Este breve incidente me sirvió para pulsar la sensibilidad de los académicos. Con esa misma sensibilidad ha actuado G. de la C., que quería y no quería, que no calculaba mi indiferencia.

La Academia nunca ha sido acerba contra mí, sino contra un Umbral que era un señor que no entendían y que les daba un poco de miedo. Incluso llegaron a considerarme el sucesor académico de Cela, tan odiado por casi todos ellos, de Delibes a Lázaro.

Yo nunca fui rechazado por la Academia porque nunca me presenté. Presentaban a un tal Umbral que follaba y decía tacos, que escribía libros hermosos y sucios, que se salía por arriba de todas las aduanas del diccionario. Lo que ha habido entre la Academia y yo, más que un rechazo mutuo, es un equívoco. Pero sigo con Víctor y otros titulares con medalla.

Los académicos se dividen en populares y desconocidos. Quiero decir que el hombre famoso al que hacen académico, será él quien aporte gloria al sillón. El erudito desconocido, por el contrario, sigue igual de desconocido después de su tonsura, de modo que la Academia no aporta nada, sino que vive de las aportaciones de celebridad que le otorgan algunos de sus miembros.

Aquí podríamos hablar de muchos académicos en quienes lo que menos cuenta es su función académica. Son hombres de quienes me he ocupado mucho en mis libros, por su creación, su poesía, su pensamiento, sin mayor atención a ese feliz contratiempo de la Academia. La Academia es una lucerna y un voto. Lo demás lo tiene que hacer uno por sí mismo, mejor o peor.

Cela, que es el protagonista de este libro, quiso entrar en seguida en la Academia porque se había trazado un plan de ascensión social en el que uno de los primeros peldaños era la Academia. Y ese plan lo cumplió rigurosamente, salvo el atasco en el *Cervantes*. Tardaron casi diez años en admitirle, y todavía a mí hay quien me recuerda, como atroz, que conmigo tardaron dos horas.

Por otra parte, la Academia, en los años cincuenta tenía un cierto prestigio liberal, más bien inventado, y que consistía en que Franco no se ocupaba de ella. Y aquí viene la verídica anécdota del retrato falso y malo de Cervantes. Gerardo Diego me contó que un grupo de académicos le habían pedido a Menéndez Pidal retirar aquel retrato cervantino que a todos les parecía apócrifo y sin calidad.

—A Cervantes ni tocármelo —replicó don Ramón—. Si quito ese retrato tengo que poner al Caudillo. De modo que paciencia con el cuadro.

Pero los cuarenta eran así. Una academia llena de cardenales y almirantes era más liberal que la de ahora, dicen. Falso. Falso y hasta divertido. A Zunzunegui, el novelista vasco, entre galdosiano y ramoniano —difícil y nunca logrado equilibrio— le obligaron a casarse con su cocinera, que era la única mujer que tenía a mano, pues los solteros resultaban sospechosos, salvo los citados cardenales.

Vicente Aleixandre fue rechazado por uno de estos cardenales, que leyó su obra y la encontró así como «panteísta». Pero luego leyó en *ABC* un poema a la Santísima Virgen, de un pariente de Aleixandre, se confundió de apellido y dijo que aquel surrealista tan católico tenía que ser llamado en seguida. El gran Aleixandre entró por un sobrino, convirtiéndose en su propio sobrino.

Miguel Delibes se cansó pronto de la inanidad de la Academia y Francisco Nieva es un hombre de gran talento y rico lenguaje que no molesta a nadie y que, llevando dentro un maldito, en la Academia queda finísimo y hasta elegante. Buero Vallejo era tan conocido por su teatro que la gente nunca se acordaba de su Academia, de la que me dijo una vez que era tesorero y llevaba las cuentas con mucha atención. Mucho tesorero y poco tesoro.

Jesús Aguirre, como sabía que pronto iba a perder sus condados, se apresuró a presionar con el apellido

Alba para entrar en dos o tres Academias, mostrando que era un académico nato y que le gustaba el cargo, como le gustó siempre todo protocolo y circunstancia. Jesús escribiría muy bien si escribiese.

Don Pedro Sáinz Rodríguez me pidió un día que le llevase todos mis libros a su casa para leerlos. Sin duda le dio el repente de verme como académico, pero un señor que no había salido de los místicos no podía entender a un místico del Mal, por decirlo con la mayor pedantería posible, de modo que no se volvió a hablar del tema.

Lo malo de los académicos es que buscan sus fieles en las viñas de nuevos académicos, y así la Casa no se renueva nunca.

Marina

CELA conoce a Marina en Vigo, siendo ella reportera de una radio, y él conferenciante de paso. Hace poco, en la resaca de una fiesta, Marina nos explicaba:

—Yo la otra noche le pregunté a Camilo José: ¿tú viniste a mí por impulso o por sistema?

Uno no se imagina a Camilo José respondiendo a una pregunta tan metafísica, pero ella dedujo que CJC era víctima de un impulso arrebatador y, madre con niña de marido separado, se entregó a esa punta de toros en desbandada que puede ser un CJC empalmado.

De modo que esta relación nace de un impulso más que de un sistema (el del seductor profesional), y se consuma como venganza contra la esposa anciana.

—Me llevarás a mí, que soy tu mujer, a lo del Nobel.

Cela clausura el avión que tenía contratado para amigos y sólo lleva a Marina Castaño. Charo la Vasca ha muerto. Desde entonces anda de luto tardío por Palma de Mallorca, como si el difunto hubiera muerto tiempo ha.

CJC busca mujer joven, lista para ayudarle, cachonda para gozarle, y busca sobre todo la mujer/venganza, la joven que se va a reír de la vieja isleña.

La mutación matrimonial de Cela nos lleva a una inevitable reflexión sobre el escritor y las mujeres. Camilo José, muy polarizado en el objetivo único de su vida, triunfar, volver a triunfar, erigirse, *ser*, no puede perder el tiempo en idilios de cafetería con jovencitas. De modo que la solución rápida de su sexualidad son las putas, que además le aportan literatura, lenguaje, modos marginales a los modos burgueses que le hubieran correspondido. Cela encuentra en las putas, no sólo la solución de su vida sexual, sino un enriquecimiento dialectal y de costumbres que es de lo mejor de su obra y el entronque directo —buscad a la mujer— con los clásicos.

Salvo una novia imaginaria, irreal, que él saca en *San Camilo* y otros títulos, a Cela no se le conocen amores formales, burgueses, sino que pasa directamente a ser el marido de la Vasca y un famoso follador de las Españas. La novia o amante convencional sólo le lleva a nuestro escritor a perder el tiempo, mientras que la puta, aparte de ser más rápida y disponible, le da acceso a mundos tan literarios para él como el barrio chino de Barcelona, la calle Alcántara de Madrid, etc.

CJC, digamos, no ha tenido nunca una relación «normal» con una mujer, si es que eso puede existir, sino que ha dado risa, imaginación y anís a diversas putas de secano, más algunos amores que él oculta pudorosamente y el descubrimiento del amor joven —Marina— ya en lo entrado de la edad, con la luz del Nobel dándole de cara. A mí me anunció el suceso como una preñez doble de Marina, bromas todas que conducen, como los chistes de cojos del cojo, a disipar la posible impotencia o irregularidad del anciano.

Con los años, Marina se ha enseñado enamorada del Nobel y rapaz de lujos, vestidos, champán y fama social. Pero casi todas las mujeres acaban así. Cuando un macho las aburre, acuden a otro macho o se autorrecompensan con el lujo personal. Uno diría que Marina está en esa etapa en que le interesa estudiar las genealogías del dinero tanto como las enfermedades de su marido. Pero siempre pasa igual y uno no comprende que hombre tan inteligente como Camilo José, y con la inteligencia tan guardada, no haya entendido eso de que una infidelidad se cura con otra y que lo mejor es volver a la puta peatonal, discreta y rápida, o a la puta yuppy de los grandes hoteles, masajista de masas de oro, al costado de las cuales acampó Cela mucho tiempo.

Salieri II

CELA, en Guadalajara, antes del Nobel, vivió primero en un chalet hortera de una urbanización que se llamaba «El Clavín». Allí le visitábamos y allí le llegó el largo teléfono de Estocolmo.

Antes del Nobel, Camilo era pobre. Cuando Marina le llevó al chalet que había alquilado, Camilo le dijo:

—Joder, Marina, aquí voy a escribir como Gironella.

Quiere decirse que CJC tenía un concepto señorial, aislado o popular de la literatura, pero nunca burgués. O el velador de Ruano o el chalet de Mallorca. Todo menos aquel adosado de las afueras de Guadalajara. Y, con el dinero del Nobel, se cambió en seguida a una finca. Pero en «El Clavín» cacé yo un gato, por los jardines, un gato joven y común, y se lo regalé a Camilo, buen amigo de los animales.

—A nuestro gato, Paco, que se toma muy bien la leche, le he puesto *Salieri II*.

—Ya me explicarás.

—*Salieri I* fue el único y primer torero que tuvo Guadalajara.

Cela siempre ha respetado mucho la genealogía de los toreros pobres y de los gatos despeluchados. También respetó la genealogía de los borbones, hasta ser marqués. Cela, de nuevo en la Alcarria, escribió un libro de lujo para la General Motors o algo así (prefiero dar el nombre confundido).

Se trataba de pasear el gran coche negro por la Alcarria, cobrando millones. Llevó consigo una choferesa negra (neologismo que le honra), y al fotógrafo Gigi Corbetta, viejo amigo italiano de todos. A la choferesa la bautizó Outeiliña, sin duda por galleguizar y feminizar a Otelo. Estaba buenísima. En el viaje, Cela hizo de todo, incluso subió en globo, con la consiguiente costalada, que fue a caer sobre zona selvática, inanimado, y de allí le saca el poderoso Gigi, italiano gigantesco, y lo arrastra pesadamente varios kilómetros, hasta tierra de fieles. Luego, en el libro publicado al respecto, Gigi desaparece y se transforma en unas náyades desnudas y veladas como las que socorrieron al náufrago Ulises:

—Este Camilo es un cabrón —me decía el italiano—. Ni siquiera me nombra.

—Ten en cuenta que las náyades de Homero son más literarias que un reportero de Milán.

Pero, con su *Nuevo Viaje a la Alcarria*, Cela había ganado varios millones y tapado el prestigio limpio y lejano de su primer libro alcarreño. Ha sido constante en la vida de CJC borrar sus propias huellas gloriosas con un negocio editorial que surge después y le malogra siempre.

Como renovado ciudadano de la Alcarria, Cela habla con todos los alcaldes de la zona y les sugiere que pongan placas recordando que por allí pasó el vagabundo del famoso *Viaje*. Los alcaldes acceden, pero el mocerío alcarreño, que ve a Cela como un señor viejo, gordo, carroza, rompe las placas a pedradas y le deja la pintada «fascista».

Cela fue el niño terrible del franquismo, pero se habían acabado los consentimientos. La democracia resultó más implacable que la dictadura. El señor marqués, con Nobel y todo, caía mal a los jóvenes, y a los no tan jóvenes. El terribilismo de Cela ya no daba miedo, porque ETA mataba un militar todas las semanas. Cuando la política viene sangrienta, el escritor deja de jugar con la sangre literaria.

En Vigo vi un busto de Cela en cuyo pedestal también habían escrito «fascista». ¿Era fascista Cela? No. Era un burgués liberal que amaba el orden social absoluto como escenario de su osadía impar. En la España de las huelgas y los crímenes, Cela ya no era noticia. Así vivió sus últimos años, advirtiendo en su cuerpo cómo se retiraba la marea cálida de la popularidad y la admiración.

Pero Camilo no se quejaba, tenía por norma no quejarse nunca de nada. Metido ya en la pomada madrileña, entre millonarios y famosos, una noche lo encontré lívido, durante una cena y me pareció que Marina, en el mogollón, no se enteraba. Se enteró a media noche, cuando Cela se moría de un paro cardíaco y tuvo que llevarle, por orden del doctor Barros, al «Gregorio Marañón», donde le implantaron un marcapasos y le salvaron la vida. Muy de mañana, fui el primero en visitarle en el hospital, y hablé con Marina y con el joven médico que había salvado al genio. A Cela le vi un momento, le di un beso en la frente y me fui.

El Nobel

YA hemos hablado en este libro de cuando Cela ganó el premio Nobel. Su triunfo coincidió con la separación de su mujer, con una enfermedad, con el encuentro de Marina y el cambio de ciudad, de domicilio, la vuelta a su Alcarria juvenil y el asentamiento final en Puerta de Hierro, Madrid.

Los acontecimientos que un hombre va retardando en su vida acaban por acudir todos en calamitosa unanimidad, pero Cela se mantenía tranquilo y fuerte viendo pasar las olas, las tormentas, las caravanas del destino, las novedades y las fantasías. El chalet de Puerta de Hierro es señorial y vivido. Cela ha tenido unos últimos años de andar un poco traqueteante (artrosis de las rodillas, supongo), pero lo que más me preocupaba, en las cenas, era la palidez sombría de su rostro, que contrastaba con el color salud de cualquier otro comensal. Cela es un contertulio de frase rápida, de afirmación dura, de ingenio continuo, pero en la ventolera social siempre hay alguien que se lo lleva por delante y lo anula, para decir él una vulgaridad sobre el precio de su último coche. A Cela le gusta la vida social, pero no está hecho para ella. Se aburre con los ricos, a quienes tuvo siempre cerca, y ahora me hace recordar una frase de Eugenio d'Ors, otro orador de cenas, que había comprendido el secreto de la elocuencia: «La primera condición para el discurso es una cierta seguridad de ser escuchado.»

Efectivamente, sólo se atreve a contar literariamente un largo viaje en tren Barcelona/Coruña, por ejemplo, quien tiene la seguridad y la autoridad garantizadas para no ser interrumpido en la primera estación. No es que unas personas hablen mejor que otras, sino que a unos se les escucha y a otros no. Después de muchos años de vida social, me pregunto de dónde viene esa autoridad y seguridad para hablar, y de dónde a otros no les viene.

Puede ser que al académico le corten la palabra y que al pícaro se la cedan largamente. Cela tuvo años de absoluto dominio sobre las tertulias, pero hoy se nota que va viejo en que muchas veces le abandona el auditorio desde el principio. Yo le sigo hasta el final y doy fe de que lo que iba a decir Cela tiene más sentido o sinsentido lúcido que toda la cháchara general.

Y es que a las cenas no se va a escuchar a los grandes oradores, sino a decir todo lo que uno dice cuando no tiene nada que decir. La vida social es fundamentalmente aburrida, a no ser que haya de por medio un vodevil propio o ajeno, que es lo que le da su secreto/secreto a la cosa, y cuando todos nos ponemos más finos.

El Nobel de Cela, que primero aureolaba al personaje y hacía de todas las cenas con él la última Cena, luego se fue desgastando como toda moneda de uso y ya era fácil olvidarse de que estaba uno hablando con un premio Nobel.

Yo había imaginado que Camilo José, después del Nobel, se encerraría en su finca de Guadalajara, con un suéter gordo, a escribir las cosas más escritas y más densas de su vida, pero resulta que le tiraba la pajarita y la foto del *ABC*. Lo difícil del Nobel no es ganarlo, sino saber llevarlo. Esto pasa con cualquier premio o distinción importante. Cela lo llevó a su manera, que no tenía por qué ser la imaginada por mí. Pienso en los calzoncillos de Picasso y de Einstein como gala máxima del genio. El hombre sólo tiene derecho a desnudarse cuando viejo (genial), y la mujer sólo cuando joven.

La finca

Al fin, los Cela habían vendido la finca de Guadalajara, que tenían abandonada desde que se vinieron a Puerta de Hierro. Lo de Guadalajara nació, yo creo, de un eterno sueño literario de Cela: salvarse de Madrid, aislarse, escribir. Pero luego se cansa de soledad y vuelve a ser el hombre social que en realidad es.

La verdad es que aquello tenía poca gracia. En Puerta de Hierro se compraron un chalet antiguo y bello, un algo barroco, macizo y aforrado de vegetación, a dos pasos de Madrid. Pero aquella finca no se vendía y los Cela llegaron a estar en mala situación económica. Camilo José me contó un día que habían estado aquella mañana unos señores para echarles en el acto, desahuciados. Era la manera que tuvo «la vasca», la de Mallorca, de cobrarse las mensualidades que el Nobel no le enviaba. Cela hizo unas gestiones y no pasó nada, pero me decía:

—¡Así no se puede escribir!

Paquito Marquina, su amigo y vecino, llegó a contarme que los Cela estaban viviendo de lo que ganaba Marina: una televisión, un artículo, una radio, una colaboración. Pero yo sé que todo eso reunido es una mierda y recuerdo al Cela que me contaba:

—Me cuesta un millón diario abrir la tienda, Paco.

¿La tienda de qué, la tienda para qué? Porque yo siempre he pensado que Camilo no vive de sus libros, no se resigna a vivir como permiten —o más bien no permiten— los libros. Siempre ha tenido algún otro negocio, a más de los literarios. Es como esos ejecutivos tan de moda que tienen un gran despacho en una gran zona, pero donde luego ganan el dinero —¿negro?— es en otro despacho mucho más pequeño, en Moratalaz.

Creo que Marina tiene algún cargo importante en la Fundación, lo que ya supone un sueldo. Camilo, a diferencia de los escritores de café, siempre ha despreciado el pequeño dinero de la colaboración para planear grandes negocios y grandes sumas. Es un escritor disfrazado de gerente, o a la inversa, como creo que ya he dicho en este libro. No me gusta echar las cuentas a la gente, ni me importa, pero quiero tenerles informados a ustedes de lo que ya es historia y otros pueden aprovechar mejor que yo. Hace poco estaba Marina en las rebajas del Corte Inglés, como una maruja, pero con coche a la puerta y chófer.

Aquel sueño guadalajareño se rompió porque era el sueño adánico de todos los enamorados, que dura poco en ellos y poco en la realidad. El amor se va calmando y las deudas empiezan a emerger como islotes en un océano de dulzuras que se van agriando. Como la venta de la finca a un particular estaba difícil (es una finca que sólo da literatura, y no mucha), Cela eligió otra vía que siempre se le ha dado bien: la oficial. Parece que Bono ha comprado la finca para convertirla en centro cultural. Por ejemplo, un museo del *Viaje a la Alcarria*. La cosa tuvo hace poco solución feliz.

Marina, desde Puerta de Hierro, baja a Madrid constantemente: entrevistas, televisión, vestidos, reuniones de mujeres, etc. Sin duda han llegado a alguna especie de acuerdo, pero pienso que el escritor se pasa muchos días solo. Solo y casi imposibilitado de sus rodillas crujientes. Es el destino de todo escritor, porque la mujer no acompaña. Lo dice Camus en sus carnets: «Aparte del amor, la mujer es aburrida. No sabe.» Este «no sabe», escrito así, sin concretar más, supone que la mujer no sabe universalmente, que no sabe nada, que no sabe saber. Y Albert Camus había tenido y conocido mujeres.

CJC, ya muy mayor, y con el regalo de boda del Nobel, inicia una relación como para siempre con Marina. Ella también es galaica y se aprende en seguida las claves secretas de este hombre. Al menos, las que él le enseña. Pero las cosas van girando paso a paso: primero la vuelta a las puertas de Madrid, Puerta de Hierro, justificada por mil razones, y luego el salto continuo de Marina entre Madrid y su casa. ¿Se encuentra Camilo José muy solo otra vez, demasiado solo, o feliz de haber recuperado la soledad?

Uno ha pensado siempre que el destino del escritor es la soledad. Que la compañía del escritor es la soledad. Todo estorba al escritor, al pensador, incluso la cómoda cuando cruje. Asimismo, el escritor huele mal, huele a soledad y literatura. La gente tiende a dejarle solo, con secreto alivio: «Para que escriba a gusto», dicen. El escritor sólo se encuentra plenamente cuando se pierde en sus soledades, que son las del clásico. No sé si Cela estaba haciendo ahora algún libro, pero la nueva soledad —enfermedades, ausencias— le habrá invitado a ello. El escritor siempre quiere estar solo, y, cuando por fin lo está, no sabe qué hacer, salvo escribir.

Ahora, por primera vez, mi amigo paternal, Camilo José, está solo de solo y no tiene nada que escribir. Qué alivio. Este alivio tiene un nombre que no diremos.

San Camilo

Un día de San Camilo, por julio, puso en la finca una carpa inmensa, quinientos gaiteiros galleguiños y comida a mogollón. Cela iba de camisa de rayas gordas y tirantes. Estuvo recibiendo a los cientos de invitados, entre ellos la Preysler, que tiene un encanto de flor de té.

Luego se sentó a reposar a mi lado y nos pusimos a hablar —mira por dónde— de don Xavier Zubiri, ya fallecido:

—Si yo entiendo a Ortega y a Nietzsche, Paco, ¿por qué no voy a entender a Zubiri? Este hombre es un camelo.

Después me junté con Marino Gómez Santos y Severo Ochoa. Apenas comí nada, y Marino le informó al Nobel asturiano de mis abstinencias estéticas. Ochoa me miró fijo y de pronto se le puso cara de médico:

—Está usted loco, está comiéndose sus propias proteínas.

Entonces es cuando pedí una bandeja de croquetas de jamón, lo cual que a Marina le sentó muy mal, porque tenía el menú preparado y en él no entraban las croquetas. No le expliqué a Ochoa que mis abstinencias eran un mero dandismo, porque entonces me hubiera mandado a la mierda. Siempre comía un poco más delante de él, cuando íbamos a Lucio a cenar con el Nobel o con Charo López. Cela tenía una gran foto ampliada de la pareja, Ochoa y él, los únicos españoles Nobel vivientes. De pronto se vio venir a Carmen Balcells:

—Perdóname, Paco, pero ha llegado la mujer con quien me gano la vida.

O sea, el agente literario.

Pero Camilo me había dicho en otra ocasión, siempre confidencial conmigo:

—Mira, Paco, me cuesta un millón diario abrir la tienda.

No creo que ni la Balcells ni la Virgen del Carmen le dieran para un millón diario de gastos de servicio, secretarias, lexicógrafos, chófer, etc. Camilón, como vengo diciendo en estas memorias, siempre ha sacado el dinero de sitios misteriosos, pero le gusta aparentar que todo se lo debe a su literatura. Se lo debe más bien a su intensa personalidad, que acojona incluso a los banqueros.

En aquel fiestón, el PP acababa de ganar las elecciones, y había varios ministros, pero sólo Álvarez Cascos se acercó a felicitarme por mi reciente premio Príncipe de Asturias, que es casi lo más que se puede lograr en este país. Mientras el MP susurraba para su ginebra:

—Le has jodido la fiesta a Camilo. Hoy la figura eres tú, con tu premio.

Y esto lo repitió toda la noche, con la insistencia del bebedor. Cuando la música, después de la cena, me sacó a bailar Inés Oriol. Nos ajetreamos un poco y luego me dijo:

—Pero si no sabes bailar, Umbral, qué vergüenza.

—Me dejo llevar.

Inés comprendió que la frase iba mucho más allá del baile. Desde entonces somos buenos y entrañables amigos. Gané un premio, gané una amiga, gané un ministro y se me olvidó que el personaje de la fiesta era Camilo. De todos modos le quería mucho.

Aquélla fue la última gran fiesta de Cela a sus amigos. Yo creo que a la Balcells le costaba mucho vender los libros de su cliente, ya que Cela se había puesto a escribir oscuro, complicado, reiterativo y —la gran falla de sus libros— sin argumento.

Yo seguía leyendo a Cela a tope, y releyéndolo —*Judíos, moros y cristianos*, *La colmena*, las *Izas*—, porque el argumento me la suda mucho y porque creo que el talento singular de Cela estuvo en la prosa y en la glosa. Pero él mismo, pudiendo haberlo hecho todo, incluso la poesía, se agaritó, por comercialidad, en el laberinto de la novela, que tiene más competencia que cualquier otro género.

La colmena es una instantánea —múltiples instantáneas geniales— del Madrid de los 40. *Judíos* es su libro total de España, y que en principio iba a ser una guía de Castilla la Vieja, para Vergés, que luego hizo Ridruejo por una miseria: 25 000 pesetas el tomo. Las *Izas* éxtasis del esperpentismo de Solana y Valle, libro genial al que le sobran las fotos, como ya se ha dicho aquí.

Toledo

Día completo en Toledo, con los Cela y otros numerosos amigos. Es decir, en Layos, el pueblo de donde es concejal Inés. Mucha conversación, paseo de tarde por el campo ancho y hostil, ventoso. Stampa, Trillo, Bono, Griñón, etc. Cuando me canso de hablar de política, de chismes sociales, del cultivo de las trufas, me voy solo al campo. Miquelo me dice que estoy esnobeando con mis soledades, pero, bien llena la memoria de actualidades, necesito olvidarlo todo, para seleccionarlo luego en mis columnas. El campo, el viento, la soledad, tiran de mí con fuerza, como si uno fuera un discípulo, un nieto de Rousseau, a quien alguien llamó «hombre nefasto». Nefasto no, pero antipático sí que era el mozo. Su prosa es didáctica, es antiprosa. Pero ya estoy metido otra vez en elucubraciones, cuando lo que me apetecía era campo, caballos, desnudos romanos, acequias y espejos. Todo lo que ahora tengo en torno.

La casa de los Oriol es grande, campesina, señorial y fría. Después de la cena nos quedamos los íntimos e Inés sirve cava.

Marina Castaño se niega a beber cava.

—Yo me bebo todas las noches una botella de champán, antes de acostarme.

Inés:

—Pues yo tengo la bodega llena de champán, pero esta noche hay que beber cava, que es español, es catalán y es bueno.

Marina protesta con la copa en la mano, como si tuviera una copa de veneno. Inés, en pie, de traje largo, se pasea por la reunión, directamente enfadada, atacando el esnobismo del champán. Yo la animo:

—Sigue, Inés, cabréate más, que pareces Medea.

—Gracias, pero Marina no tiene razón.

Camilo, somnoliento, cansado y discreto, seguramente sabe que su mujer está haciendo el papel de nueva rica, y prefiere no intervenir. El encantador Griñón, como experto, solicita hacer la prueba de la burbuja, para saber qué es lo que están bebiendo (yo sigo aferrado a mi whisky).

Traen otra botella, pero ninguno de los dos sabe hacer bien la prueba de la burbuja y la gente empieza a aburrirse. Es el duelo entre la señorial aristócrata y la nueva rica. Dados los términos del problema, demasiado bien lo han llevado. Pero Inés, patriota de Cataluña o de España, no sé, ha sido la triunfadora, como que está en su casa. Griñón y alguien más se despide. Sólo nos quedamos a dormir los Cela y nosotros. Mi habitación es ancha, envigada, campestre, con esteras y viejos y nobles armarios. Entre los pocos libros sólo encuentro ussías y otras marcas. Prefiero dejarlo. Trato de domesticar la cama. Las camas son tan difíciles de domesticar como las mujeres y las potras, suponiendo que no sean la misma cosa.

Por la mañana somos sólo cuatro o cinco a la mesa. Inés, con vaqueros y camisa, descalza y soñolienta, presenta un erotismo de intimidad y sencillez que me pone en marcha. Todo lo matrimonial es muy erótico, pero sólo para el que mira desde fuera. Está más joven y más bella, con la cara lavada, que con sus modelazos, en plan bellezón.

Camilo baja el último a desayunar.

Puerta de Hierro

UN día los Cela nos comunicaron a sus amistades que se bajaban a Madrid. La finca de Guadalajara se la quería vender Camilo a la Comunidad, como antes había tratado de venderle a Gallardón una obra de teatro en cien millones. Yo creo que la finca todavía no han conseguido venderla, a no ser que Marina se dedique a poner allí una pollería, que ya habían empezado sellando los huevos como «Los huevos de Cela», y te regalaban una cesta.

La explicación que daban para el abandono de una casa tan puesta y definitiva era que a la niña, la hija de Marina, adolescente y muy hecha, le quedaba lejos de Madrid, del colegio, de las amigas, de todo.

Camilo, por su parte, decía que las enfermedades le aconsejaban vivir más cerca de las grandes clínicas madrileñas, y tenía razón. Eso le salvó cuando el paro cardíaco. En Guadalajara se hubiera muerto. La primera característica del genio es el sentido común.

A mí esa vuelta a Madrid me pareció un acierto. Era, una vez más, ese instinto fallido de CJC de retirarse al campo a escribir. Instinto que luego le cansa, le aburre y escribe menos. En Puerta de Hierro compraron un chalet suntuoso, antiguo, hecho, vivido, con jardín y muchas habitaciones. Esta última casa de Cela sí me pareció siempre el edificio/trono de un grande, a diez minutos de Madrid y con un empaque suficiente, aunque Marina, a veces, le pone a las cosas un toque de burguesía rica y aburrida que empobrece la cosa. Pero ella era la más satisfecha de haberse acercado a los pases de modelos, a sus amigas, a los fotógrafos. En Puerta de Hierro nos hemos visto mucho más que en Guadalajara. Un día fui con Raúl del Pozo y nos encontramos al jefe con camisa verde, remangada, pantalón claro y sandalias sin calcetines, naturalmente. Le dije a Raúl en voz bien alta:

—Mira qué guapo está el jefe vestido de chori marbellí.

Y Raúl se reía mucho.

En correspondencia a las frecuentes cenas que nos daban en Puerta de Hierro les ofrecí un día una cena en mi jardín, con los Tamames, los Stampa, los Oriol y mucha gente más. Camilo me decía:

—Qué a gusto estoy en tu casa, Paco, qué bien estoy, esto es hermoso.

Sin duda, pensaba en el joven escritor que él había ayudado treinta años antes. Luego nos reunimos todos en el porche, a beber y fumar. Tamames dijo algunos disparates sobre la literatura española, arte y ciencia que no domina. A Carmen Tamames le entregué unos cactus como de plata vieja y leve, que es nuestro regalo ritual y priápico. Un día me puse malo en su casa y ella me metió en una cama para que me vieran los médicos que había en la fiesta, dos o tres. Mientras me miraban, Carmen me dijo:

—Te advierto que estás acostado en mi cama.

—Bueno, qué bien, pues ya me quedo y te espero.

Los médicos me miraron el pie, mi pie delicado y roto, y uno de ellos, el más viejo, el más sabio, habló de posible osteoporosis, producida por el golpe.

Pero hoy escribo muy fácil y ligero, aunque no con el pie. De la fiesta de mi casa se fueron tarde, Inés era la más guapa y elegante, y la Tamames la más espectacular. Tamames le había dicho a Cela que la mejor novela de posguerra era *Lola, espejo oscuro*, como si Camilo no fuese el autor del *Pascual Duarte* y *La colmena*. Al salir hacia el coche, de mi brazo, Camilo me decía:

—Pero quién es ese imbécil que no sabe una palabra de literatura.

—Hay que perdonarle. Es economista.

Y me guardé de añadir que Ramón había reescrito *La Regenta*.

Cena en Puerta de Hierro

CENA con los Cela en su chalet de Puerta de Hierro. A Camilo lo encuentro de buen aspecto y con su consabida simpatía oficial, que no tiene mucho que ver con la simpatía real del personaje. Trillo, ministro de Defensa, al que no veía desde el último desfile de las Fuerzas Armadas. Vengo observando a este personaje desde que perdió la presidencia de las Cortes y yo diría que el Ejército, ese coloso triste, le adumbra demasiado, le enseriece y le ha quitado un poco de su brillo juvenil y deportivo. Político intelectual y sensible, estudioso de Shakespeare, miembro de Opus Dei, padre de varios hijos, Trillo veía la política desde su atalaya del Congreso, algo así como una inmensa partida de ajedrez donde todo era riesgo, pero un riesgo elegante y en cierto modo fingido.

—¿Cómo después de tu tesis sobre Shakespeare y sus horrores puedes seguir creyendo en la política? —le pregunté una vez.

—Precisamente Shakespeare me enseñó que la astucia, la generosidad y la grandeza lo pueden todo o casi todo en el teatro y en la vida.

Quiere decirse que hay un Shakespeare para todos

los gustos, un Shakespeare para cada lector. El de Trillo no es el mío, porque yo veo al inglés como una grandiosa catedral gótica que le ha levantado al Mal. En este momento, Trillo tiene un submarino nuclear inglés aparcado en Gibraltar y una revelación diabólica sobre la guerra: algunos países fabrican su munición con uranio empobrecido, que a la larga genera leucemia en todos los participantes en una guerra. Trillo niega esto en los periódicos como puede y nos da esperanzas razonables sobre la retirada del submarino gibraltareño, pero le veo, en persona y por la televisión, menos vivaz, menos campeón. Ha perdido la lozanía del político que creía en su buena fe y está viviendo la experiencia callada del terror de la muerte que se almacena, por unos y otros, en los sótanos del paraíso de la paz. Sólo se puede ser militarista mintiendo y sólo se puede ser patriota siendo militarista.

La esposa de Trillo es una mujer guapa, joven, atractiva, elegante, y la profusión de hijos es en ella profusión de sonrisas, de colores, de vestidos y de una felicidad que no sé si se la da el Opus o el matrimonio. Algo le ayudará al joven Trillo esta bella criatura en sus adumbramientos de responsable de nuestra paz, de nuestro sueño, de nuestros desvelos y de los suyos.

La más reciente esposa de Luis Alberto de Cuenca, que es un católico practicante de una política conyugal de harén, es una chica encantadora que nos perfuma la noche de juventud y ni siquiera nos mira. Rosa Beltrán es la decoradora de moda en este pequeño gran mundo madrileño, una mujer solitaria y fea, pero simpática y comunicacional a su manera. Esto de ser comunicacional es algo que se está volviendo imprescindible en sociedad y me pregunto si yo soy suficientemente comunicacional. Me temo que no.

Marina Cela y yo hacemos un aparte para el marujeo, que es lo que tiene más enjundia de toda la mesa y practicamos separaciones matrimoniales, adulterios y operaciones financieras, todo en mera hipótesis, con gran agilidad de cronistas verbales. Marina me pone al día, o mejor a la noche, pues la verdad es que los amores de que tratamos no son precisamente diurnos. Marina está llevando muy bien este matrimonio con Cela, que entra ya en una veteranía llena de peligros, pero juega a favor de ambos el hecho de que son gallegos y pueden engañarse sin mentirse y sincerarse sin descubrirse. Marina hace columnas de prensa y programas de televisión. Vive mucho la moda y los chismes, y con un poco de aplicación llegaría a ser una brillante cronista social, una lengua anabolena, aunque la primera víctima de esa lengua puede que fuera ella misma. Me gusta marujear con Marina, dentro de lo posible. Camilo le ha enseñado muchas cosas.

Luis Alberto de Cuenca es un joven valor que descubrimos hace muchos años y que ahora ayuda a Pilar del Castillo en el Ministerio de Cultura. Luis Alberto es alto, educado y distante sin llegar al deslumbramiento. Me dice mientras se anuda los elegantes cordones de sus zapatos negros:

—Mira, Paco, yo soy de derechas, no puedo evitarlo, nací de derechas, procedo de la derecha y no creo que eso sea malo. Me interesa la cultura más que la política y creo que con la cultura arreglaríamos mejor el mundo.

Después hablamos largamente del Premio Cervantes,

de la apedreada pureza con que se ha concebido, y pensamos en futuros nombres de candidatos españoles y americanos. Entre estos últimos a él le interesa especialmente Nicanor Parra, el gran poeta chileno. Yo le sugiero el nombre de Isabel Allende, la novelista, pero Luis Alberto la encuentra joven para un Cervantes (55 años). Ambos coincidimos en el nombre de Paco Nieva y luego le sugiero la recuperación de Alfonso Sastre, que sería grandiosa, ya que Sastre ha agotado en el País Vasco su confianza revolucionaria y quizá sería el momento de que, desaparecido Buero Vallejo, se reconociese su dramaturgia como la más importante de la segunda mitad del siglo pasado.

A Luis Alberto le veo cierta querencia por coronar a Fernando Arrabal, que volverá a ser un suceso teatral en España, pero se tiene bien ganada la convivencia entre los españoles que le queremos y admiramos. Si renunciase a su payasismo vocacional y a sacar partido de su estatura, que no es mucha, llegaría a ser uno de los grandes del exilio voluntario. Cuenca y yo quedamos en seguir cambiando impresiones.

En la cena me he sentado junto a una señora, que es una joven del mundo de la medicina, muy sencilla, inteligente, buena conversadora y nada pesada. Hablamos del cáncer y sus amenas variedades, que es en lo que ella trabaja, y resulta una conversación muy distraída, optimista y llena de posibilidades. Le digo que tiene que venir más a estas cenas, porque no parece muy aficionada o su trabajo se lo impide. No ríe casi nunca los chistes de su marido o los sonríe con cierto cansancio matrimonial que nos amenaza a los escritores.

María Teresa Campos, que es la jefa de Marina en la

radio, nos cuenta que la cambian mucho de sitio. Yo creo que esta mujer ya ha dado lo mejor de sí en radio y televisión. Es alarmante cómo esos medios tan banales devoran personalidades, anulan prestigios y renuevan el material humano sin renovar jamás el mensaje, que es el conformismo de los españoles, y ya lo van consiguiendo. A la una en punto Camilo se pone en pie. Le despido y me queda una imagen de él entre cansada y aburrida. Seguro que va a dormir muy bien, porque uno de los secretos de su longevidad y buena forma es su capacidad de sueño, generalmente apacible. Camilo no es nada histérico ni arrebatado, y eso da muy buenos dormilones.

En la calle, remolino de automóviles en alegre despedida y un clima de primavera previa que invita a seguir toda la noche dando vueltas por Madrid.

Cela y el dinero

NUNCA he sabido si a Cela le interesa o no le interesa el dinero. Él lo desprecia de palabra y desprecia más aún al escritor que pretende cambiar su escritura por dinero. Sin embargo, nos cuenta que tuvo una niñez de rico y siempre me ha parecido que quiere seguir viviendo como tal. Pero la relación de Cela con el dinero no es clara. A mí, cuando menos, me parece contradictoria.

Su moral va contra el dinero y su literatura nunca ha pretendido ser muy comercial, sino que algunos libros se le han vuelto comerciales por sorpresa. Nadie le podría criticar que haya escrito una sola línea por dinero, aunque quizá todo sea más sinuoso. Yo diría que la literatura de Cela, cuando no da dinero inmediato es que está hecha para darlo a la larga. Y no me refiero aquí al capital de la consagración, aunque también, sino a ese efecto retardado de algo que se escribió un día líricamente y luego se comercializa sin saber cómo. Así, el libro sobre dibujos de Picasso, por ejemplo. Con Picasso como ilustrador cualquiera vende un libro. Lo que sí está claro es que CJC abandonó pronto la mera colaboración o la novela anual para hacer otro tipo de libros. Libros de lujo para gente de lujo. A mí me ha dicho más de una vez:

—No te juntes con los escritores, Paco, que no tienen más que hambre.

Era una invitación implícita a frecuentar los ricos que frecuentaba él.

Por una parte anoto una pasión literaria que se decanta siempre por lo mejor. Y, de otro lado, asisto a sus frecuentes olvidos de la literatura para dedicarse a otros negocios. A pesar del premio Nobel, no creo que haya vivido nunca de escritor, teniendo en cuenta lo que asimismo me dijo en otra ocasión:

—Me cuesta un millón diario abrir la tienda, Paco.

Hubo una época en que hasta tuvo un helicóptero para ir a dar las conferencias. Digamos que Cela es un millonario malogrado por la pasión de escribir.

Pero vocación de millonario tiene, desde luego, como la tuvieron, entre nosotros, Blasco Ibáñez o Felipe Trigo. Claro que todo aquello era una influencia de los escritores *mondaine* franceses. Más que tener dinero, yo diría que a Cela le gusta ganarlo. Y sobre todo gastarlo. Está muy lejos del buen burgués que se resigna a ir tirando. Cela lo que va tirando es la vida y el talento a manos llenas. Pero ha tenido la rara fortuna de que siempre hay alguien que le sufraga los caprichos. No se puede llamar avariento a un escritor que sólo hace novelas experimentales.

El milenio

MILENIO en casa de Inés Oriol, en la finca de Toledo.
Saludo a Camilo, Marina, Tessa Baviera, Sppotorno y
muchos apellidos que suenan a bisutería heráldica, pero
cuyos portadores no me dicen nada de cara, de palabra
ni de actitud. Una cena aburrida, como todas, aunque
sea la del milenio, donde acabaremos hablando los de
siempre con las de siempre. A Toledo (Layos) nos ha
traído Sisita Milans del Bosch en un coche nuevo, des-
lizante y seguro.

Inés se sorprende mucho de mi llegada, y parece
alegrarse de verdad. La cena es fastuosa, pero ella va
sencilla y sin maquillar. Me sienta a su lado y charlamos
mucho durante la noche. La hija de Marina, adolescente blanquísima y de una sexualidad urgente. Se llama
Laura. Marina me cuenta que ha escrito una novela
para Carmen Balcells. A mí no quiere enseñármela por
un pudor no sé si sincero. En algún momento se define a sí misma como «la madre de la Pantoja». Luego
se asusta de sus palabras. No sé si la ha oído Camilo, seguro que no. Vivo con tedio el rito de las uvas, la televisión, las campanadas, el baile y la música. Somos una
majada de cadáveres exquisitos celebrando las campa-

nadas del cementerio. A las doce en punto desaparece la niña Laura, como una princesa de cuento. Al final de la cena ha hablado Camilo José, conciso y fatal, perfecto, pero demasiado para este público de terratenientes y cuentacorrentistas que no son más que un racimo de apellidos.

Inés me pide que hable yo y comento el artículo de Cela de esta mañana en el *ABC*, más o menos la glosa que va en este libro. O no va. Camilo José vive la sensación literaria de que se prolonga un poco en mí. Es la influencia inversa del discípulo en el maestro. Yo la he estudiado alguna vez en distintos escritores, pero el tema tampoco es nuevo. Siempre hay alguien que quisiera forjarnos como un arma «para sobrevivirse».

El reducido «cogollito» de las tres de la mañana nos vamos a dormir, Cela entre nosotros, pero no el primero ni el último. Marina no ha tenido que luchar contra el cava de otros años y está en un paraíso de champán, contándonos sus primeros encuentros con Camilo José. Duermo bien hasta las ocho, en que tomo un dormodor que me ayuda a seguir haciendo seda hasta las diez. Deambulo como un fantasma por el palacio. Llueve oscuro en el cielo. Es el cielo del Tercer Milenio. Encuentro a Miquelo desayunando en la cocina, con las criadas.

Salimos a un salón y desayunamos ambos en una mesa camilla. Inés, luego, con una bata que es como la bata de desayunar de Greta Garbo. Se lo digo. Sisita también de bata. Yo le había rogado a Inés los pantalones vaqueros del año pasado, como más íntimos y domésticos, pero se ha ido al extremo opuesto. Ha adelgazado mucho este año y quizá los vaqueros se le despegan.

Creo que en esta casa, cuando la anterior esposa de Miquelo, se hacía espiritismo. Tessa me cuenta que el palacio fue de su madre. Las riquezas nacionales pasan de mano en mano, pero nunca salen de un círculo cerrado.

Alguien cuenta una historia —inexistente— con la mujer de alguien. Yo la conocía, sé que no contiene sino rumor y creo que no debieran haber contado eso. Pero la vida social se nutre de chismes. La aristocracia es el reino de lo posible, más que la burguesía. La burguesía chismorrea menos y folla más. El hijo de Sisita, Pablete, a quien vi nacer, me dijo ayer que el rey es masón y que él es republicano, pero luego se fue a misa. Está de estudiante en Francia y parece que se le ha pegado todo de golpe. Es la empanada adolescente. Se lo digo a Sisita en el viaje de vuelta y me le define como republicano de centro derecha. Inés me ha llenado de libros, perfumes, comidas, hospitalidades y todo eso que ella llama «amor», pero que tiene poco que ver con mi idea del amor. Ahí nunca nos encontraremos. Cela nos despide en la cama comiendo churros.

2001

CAMILO José recibió el tercer milenio con un artículo de los suyos y unas reflexiones sobre el Tiempo. «Elogio de la novedad», en *ABC.* 31 diciembre 2000. «Dentro de unas horas, todos los cristobitas del gran guiñol en el que ahora representamos la gran farsa de la historia seremos ya actores y tramoyistas del siglo pasado...»

Cela principia hablando de una tía suya que vivió mucho. Son frecuentes en toda su obra las alusiones a una parentela —generalmente falsa— con la que va creando su imaginario familiar. En otros apartados más «serios» nos suele hablar de su verdadera familia, los Cela, los Trulock, etc., de la que sin duda está orgulloso, como buen conservador churchilliano (también a Churchill se le menea mucho en estos días).

Luego apela, con cualquier disculpa, a otro de sus recursos de eficacia, que es la enumeración caótica de oficios, enfermos, amigos, etc. El humor a veces cruel con que trata a toda esta gente es lo que llevó a Ruano (y luego a sus plagiarios) a decir que «Camilo no ama a sus personajes». Seguidamente, le coloca a un personaje redicho unos párrafos amanerados, anticuados y eso que se llamaba cursis. Es otra de sus fórmulas recurrentes. Cela, cuya prosa es única por el laconismo, la sobriedad, la dureza con que suele expresar incluso lo más conmovido, logra efectos muy cómicos y eficaces con estos desparrames de lirismo que, a fin de cuentas, están haciendo la crítica de la retórica nacional, política y literaria, que él todavía vivió de chico.

De repente viene a primer plano y es el que es. Un escritor seco, áspero, musical y macho que da cuenta de la condición humana, de la condición del tiempo, con un pesimismo sobrio y una lucidez a la que con frecuencia le sobran los clásicos, sus tan queridos clásicos. Pero a veces dice él verdades más fuertes y altas, en prosa periodística, que todos los clásicos españoles, ingleses, latinos, que son los que más maneja. Hay en este artículo una gran verdad central, quizá debida a Gracián, eso de que vale más una cosa nueva e incierta que una infinidad de cosas viejas. Sólo esto ya explica la actual pasión por «lo joven», que es hoy mediocre, pero vale por joven frente a la reiteración de viejos y legítimos valores que se van oxidando.

Al fin le dice a la «gentil putita vagabunda» que no le asusta la novedad —la muerte— «porque ahora hay unos ataúdes muy confortables». Todo este juego de personajes, tiempos y espacios, yo creo que nunca ha sido bien entendido por el lector dominical (sus artículos jamás fueron populares), pero ahí está su reborondo humor negro, tan lozano como en los primeros tiempos. Lo que hay aquí, como en toda la prosa de Cela, es su preocupación por decir las cosas graves, negras, definitivas, sin perder la media sonrisa, esa sonrisa partida de desprecio. Finalmente, la apelación al santoral católico, que ama literariamente por su riqueza de letra y dibujo.

«San Bernardo, según ahora me viene a las mientes, no era muy partidario de adivinaciones…» El *Eclesiastés*, cómo no, y en este plan. Y la grande y personal verdad, el mensaje de este artículo: «Espero que el hombre aprenda a no odiarse más allá de sus fuerzas.»

Hermoso e irónico mensaje de año nuevo o año viejo, da igual. Sin duda, el más original de cuantos se han prodigado en estos días. Porque en eso nos pasamos la vida y exhaustivizamos: en odiarnos más allá de nuestras fuerzas. Obsérvese la cruel ironía: Cela da por hecho que el hombre va a odiarse por siempre, pero ruega que no lo haga «más allá de sus fuerzas», porque eso es lo que nos agota y mata: que odiamos más de lo que podemos odiar. Uno tiene escrito que el odio da cáncer. Según CJC, lo que mata no es el irremediable odio, sino «el exceso» de odio. Irónica y descarada verdad.

A pesar de todo esto, en las páginas recopilativas de esos días no aparece Cela entre los hombres del año o del siglo. Se reitera, en cambio, Borges, y esto no es asunto de justicia, sino de novedad. Precisamente el artículo que he glosado se titula «Elogio de la novedad», recuerdo. Los españoles conocemos a Cela desde 1940 y leemos a Borges —los jóvenes— sólo desde que se murió, hace pocos años. Los dos son grandes, pero Cela pasó con su época y Borges murió en su época, que es lo que importa, o sea que sigue vivo con ella.

Cela escribió este artículo por la mañana, en Puerta de Hierro, y cenaba por la noche en Toledo, conmigo (que no asistí por catarro). Los Cela hicieron noche en el palacio de los Oriol. Yo también la hubiera hecho, pero hubo muchos muertos en esa jornada de nieve. Nunca me ha gustado hacer noche de cadáver entre la nieve sucia de las autopistas. Luis María Anson me hablaba ayer mismo de la grandeza de la *Madera de boj*, ignorada hasta por los críticos. Cela, camino de los 90 años, está luchando contra sí mismo. Se sigue esperando de él mucho costumbrismo madrileño, incluso posguerra. Lo que hace ahora no les parece Cela a los lectores y críticos.

En todo caso, yo creo que CJC nunca se limitó a hacer caligrafía. En el texto puntual y breve que he glosado pone más que cualquier otro. Creo que Inés Oriol les dio una cena sublime y derramó el cava, pero Marina Cela pidió champán, como siempre. Es su somnífero. Seguro que muy pocos de los que estuvieron en la fiesta habían leído y entendido el artículo.

La gloria

EL ser glorioso que he tratado más de cerca es Cela. Su gloria consiste en una calvicie total, un marcapasos, una cara sin sangre y un gesto de cabreo perpetuo con la vida, gesto que antes era comercial, digamos, como parte de la imagen, y que ahora es auténtico y, claro, menos interesante. La verdad fingida tiene más fuerza que la verdad auténtica, porque lo auténtico es lo atónito, y eso no se trasmite, o se trasmite muy pobremente.

La gloria de Cela son unas manos deformes y grandes, casi como guantes de boxeador, unas gafas de médico que le agrandan un poco los ojos (también son así las de Santiago Carrillo), unos pies gordos y trabados, los de siempre, y unas rodillas como de armadura medieval, apenas engrasadas, artrósicas o artríticas, que le impiden andar casi por completo. Camina, como ése que se ha levantado de la silla de ruedas, unos tres o cuatro pasos que en él se prolongan indefinidamente. Ahora me parece que está haciendo un anuncio de un coche. Hace bien si se lo pagan.

Todas estas limitaciones corporales, que ya he aludido aquí en otro momento, le crean un aislamiento afectivo, de modo que va a las cenas y no habla, o bien no deja hablar a nadie. Conozco otro viejo glorioso, José Hierro, al que también quiero mucho. Pepe está disfrutando de una tercera juventud con respiración asistida e infarto, pero viaja a todas partes, echa versos, le dan dinero por cualquier cosa, es feliz con la conversación, la comida y el vino.

Hierro sí ha conocido la gloria, que no es nada mitológico, sino una amistad universal con los hombres y las cosas.

Cela aparece cada día como menos reconciliado con la vida. Habla con lucidez y gracia, pero no quiere hablar. Él, que fue tan palabrón, yo creo que ahora le tiene miedo a la muerte. Y por ahí quizá le vuelve a salir el católico. Ser católico es comerciar con la muerte toda la vida. La muerte católica no es la de los filósofos, ni la muerte cotidiana del hombre indiferente, sino una puja con Dios y con el infierno. Una puja pueril que da pena por la víctima de una fe también pueril.

Cela siempre vivió en el laconismo, pero tenía una intimidad divertida e inagotable. Ahora no tiene dolor sino el dolor de la juventud que ya no tiene. Envejece mal, cabreado y duro, y su antipatiquismo de salón se ha tornado angustioso. Me duele mucho que mi amigo y maestro no disfrute un poco de esa gloria en la que él tanto creyó (otros no creemos para nada).

La otra noche le vi en Lucio, en tertulia, muy locuaz con unos amigos. Yo sé que tengo su amistad, pero ya no sé cómo hacerle hablar. En cualquier caso, se decanta más por los millonarios que por los escritores. A los millonarios todavía les epata, pero a los escritores, que le conocemos mejor, ya no. Tampoco consiente que se elogie a otro escritor delante de él, salvo a Quevedo.

A Raúl del Pozo le pegó una bronca, hace poco, porque Raúl había guisado un cordero, en casa, para Saramago y su mujer. No puede ser que un discípulo suyo guise para otro premio Nobel.

—Y encima andas con los palestinos, que son los que te van a matar.

Así le dijo, sin mucha coherencia en el discurso. Luego se le pasó.

LA OBRA

Cela por sí mismo

«LLORABA sin causa conocida y tenía un carácter atra-
biliario, despótico y tierno. Me sentía el ombligo del
mundo (en ocasiones, por fortuna, todavía me lo sigo
creyendo) y era propenso a la tristeza y a la soledad. No
me confesaba mi evidente egoísmo que, debo aclararlo,
nada tenía que ver con la apetencia de los inmediatos
bienes materiales. Estaba más a mis anchas en el campo
que en la ciudad y era amigo de los animales y de los
mendigos. No me llamaba la atención la música. Me
daba un asco horrible. La mujer le atrae al mismo tiempo que le repele. Los viejos son unos estúpidos que de-
berían tener valor para tirarse al mar. Le espantan los
ciegos que piden limosna, con sus ojos en carne viva.
A las ciudades habría que tirarlas abajo y levantarlas de
nuevo, están todas mal hechas. Descubre también la suciedad, ese inmenso encanto. No siente lástima alguna
por la especie humana, pero sí una infinita compasión,
una simpatía sin límite, por los perros y los gatos y las
arañas. Nuestro joven se siente poderoso y duro como el
pedernal. El débil que se queda en el camino no puede
entorpecer la marcha de los demás hombres. La voluntad es la herramienta del éxito e ingrediente de mayor

importancia que la inteligencia. No se debe dar un solo paso inconveniente, un solo paso que no nos acerque a la meta propuesta. La constancia es el más fiel aliado de la voluntad. La timidez no existe y si existe se puede sujetar. No debemos apiadarnos de nada ni de nadie. La caridad es una rémora. La humildad otra. El amor un desequilibrio del sistema nervioso. La mujer no es para ser amada, es para ser tenida y poseída. Come mucho y cuando vomita, descansa un rato, se bebe media taza de tila y vuelve a empezar. La lectura de Ortega moraliza y aclara al joven confundido por Nietzsche y desmoralizado por los escolapios y los maristas. Soy un hombre que ha leído más, mucho más, y mejor que los demás hombres de su edad. Desprecia el mundo y compadece al hombre. Se proclama escritor y sólo escritor. Redacta un código civil y una constitución dura y liberal al tiempo. Piensa en la sociedad familiar y concluye que el matrimonio es una institución mal inventada o, en todo caso, enmohecida por el uso. La ley de herencia de bienes deberá modificarse drásticamente. Los hombres no tienen por qué ser iguales, pero sí deben serlo las condiciones en que todos se encuentren para iniciar la lucha. Su reacción de defensa es el ataque. Se hace violento y pegón.

»—¿Te han sacudido otra vez?

»—Sí, otra vez. Pero no importa el resultado, el caso es pegarse.»

En su última edición de *La rosa* Cela incluye estos párrafos y otros que resumimos aquí por lo que tienen de revelador —escritos ahora y entonces— de la intimidad más dura y significativa de nuestro autor. Efectivamente, siguió siempre siendo despótico y tierno. En cuanto a lo del ombligo del mundo, es muy probable que lo haya seguido creyendo siempre. Su evidente egoísmo poco tiene que ver con lo material, como él dice, pues se trata de la gloria, el éxito y ese clima difuso que es el triunfo. Todo ello le vino a las manos que tanto habían trabajado por conseguirlo. Siempre ha preferido el campo a la ciudad, como confiesa, pero ya hemos señalado en este libro que el tirón cosmopolita le tienta una y otra vez, hasta ahora mismo. Es evidente, sin embargo, que como escritor le salen mejor los caminos que las grandes ciudades. En cuanto a la amistad de los mendigos, siempre nos ha resultado en él más literaria que real. La música no le ha interesado nunca, como nada de lo abstracto, ya que Cela es un maestro de las cosas, según hemos dicho aquí, y no pierde el tiempo con las abstracciones. Ni la filosofía ni la música creo que le hayan raptado nunca. Efectivamente, la mujer le atrae y repele al mismo tiempo, y esto sí es una vivencia de juventud. No ha resuelto su comercio con el otro sexo. Es crudo lo de detestar a los viejos y desear su suicidio, o a los ciegos, pero estos sentimientos se dan en casi todos los adolescentes, con la diferencia de que Cela se permite confesarlo.

La visión de la suciedad como «inmenso encanto» ha llenado toda su literatura y bien podemos considerar que es eso, un hallazgo literario más que una llamada del maldito que hay en él. Porque en Cela hay un maldito, pero la educación burguesa y la pasión por el triunfo lo malograron, de modo que su satanismo lo desahoga mediante la escritura. La indiferencia por la especie humana se da en muchas personas y no es necesariamente fascista, ya que el fascismo a lo que aspiraba era a crear una especie mejor. La simpatía sin límite por perros y gatos la entendemos muy bien, e incluso pudiéramos añadir a los burros. Cela no olvida en su bestiario entrañable a las arañas, y pienso que esto es un recurso literario muy suyo, ya que el cuadro quedaba demasiado franciscano, y la introducción de la araña, generalmente rechazada, es la rúbrica que nunca olvida Cela.

Pide que el débil se quede en el camino y no le entorpezca la marcha. No sabemos si esto ha sido una conducta continua en la vida de Cela. Está expresado demasiado bruscamente, pero lo que sí ha hecho el escritor es elegir con sabiduría a sus amigos, socios o cómplices, incapaz de soportar esas entidades flotantes y ociosas que todavía se llaman hombres. Cree firmemente en la voluntad, y esto, aparte una herencia de Azorín, es algo necesario para él, pues de su negativa a la abstracción quizá le venga un cierto complejo que resuelve elevando lo que se hace sobre lo que se piensa. Aconseja no dar un solo paso inconveniente, y quienes hemos convivido con él, sabemos que, salvo remansos de esparcimiento, Cela es un hombre que siempre está haciendo algo o pensando algo práctico. Su voluntad de existir es asombrosa y nunca se inventa pasiones sólo para ejercitarse, como Don Quijote, sino para conseguir algo. No cree en la timidez porque él no es tímido. «No debemos apiadarnos de nada ni de nadie.» Esto le lleva a despreciar la caridad y la humildad, dos virtudes cristianas que están en baja y que pensadores como Sartre relacionan con el humanismo decadente. Su desprecio de la mujer parece más bien escrito en la madurez que en aquellos años en que el otro sexo era un paraíso perdido y nebuloso para el adolescente.

En cualquier caso, Cela nunca ha perdido mucho tiempo con las mujeres y de ahí su frecuentación de los mundos del lenocinio, que le permiten una resolución rápida del trámite. Nunca nos hemos imaginado a Cela coqueteando a media tarde con una señorita. Los hipopótamos no coquetean.

Ortega, efectivamente, moraliza y aclara a este joven que ha leído mal a Nietzsche, como tantos, quedándose con lo peor del filósofo del Sils-María. Su evidencia de que había leído más que nadie se basa en la colección de los clásicos Rivadeneyra, de la que había digerido el tomo 71, o sea los índices, para llevar la cuenta de lo leído. Dada su buena memoria de entonces, no hay duda de que este cimentado cultural le sirvió de mucho. El proclamarse escritor y sólo escritor responde a una realidad vocacional que le es muy necesaria en la adolescencia, cuando el joven anda disperso de vocaciones y busca nuclearse en torno a la más auténtica o urgente. La tentación política, permanente en Cela, pero siempre al margen de lo político, le llevó a redactar un código civil y una constitución dura y liberal. El airón autoritario que tiene Cela en su vida se constituye ingenuamente en torno a estos textos prematuros donde ya asoma, sin embargo, el autoritarismo personal de Cela, que, aplicado a la política, hubiese dado unos resultados poco deseables. Afortunadamente el político se frustra en Cela para que se logre el escritor.

Su desprecio de la familia y el matrimonio todavía tiene vigencia hoy y es lo que rige entre los jóvenes. En cuanto a las leyes de la herencia de bienes, más parece una conclusión de hoy que una preocupación de entonces.

Ya conocemos el final de estas confesiones inesperadas y tardías: «El caso es pegarse.» Viene a ser lo mismo de los griegos: «Lo que importa es navegar, vivir no importa.» El resultado de este autorretrato inesperado y variable es un puñado de verdades celianas exageradas por la poca edad de entonces o por la mucha edad de ahora. El resto se corresponde con las tibias arbitrariedades de cualquier joven pensante. La idea de Cela que hemos venido dando en este libro se confirma en tres rasgos fundamentales: voluntad gigantesca, vocación mucho más profunda de lo que él creía y talento literario que generalmente le arrastra incluso más allá de sus ganas de escribir, que no siempre tiene. El autoritarismo que emanan estas páginas no llegó a mayores, afortunadamente, ya que Cela encontraría el poder por otros caminos, los literarios, llegando a la conclusión de que los políticos «son unos tipos mediocres». Toda su obra emana una fuerza que es la fuerza del hombre singular, creado quizá para la acción y concentrado gloriosamente en esa acción de segundo grado que es la literatura.

El proceso

CELA en Alcalá. «Tu discurso, inteligente.» Cela en la presentación del libro de Marina Castaño, silencioso. Se diría que han elegido el Ritz como su cuarto de estar y recibir. Cela en su cumpleaños, en la gran carpa que ha montado la Universidad CJC, con cerca de cuatrocientas personas. Recuerdo la carpa de hace cinco años, en Guadalajara. Cela estaba tieso, en pie, atento a todo, rodeado de mil gaiteiros. Era su santo, San Camilo, 18 de julio. Los mismos ministros de entonces —Cascos y Gema—, una tarta monumental, con espectro galaico, y luego, baile. Marina me pregunta qué opino de su libro. Le digo la verdad, que lo estoy leyendo. Inés no viene a sacarme a bailar, como en aquella otra carpa. Llega Pedro J. con la noticia de un atentado etarra en Madrid, a medianoche. Aprovecho para despedirme. Los periodistas no podemos dejar pasar estas cosas. Camilo, un poco momificado de noche y fiesta, seguramente agradece la oportunidad terrorista de irse a la cama. Cela en Barcelona, requerido por los jueces (en este caso «jueza», que no existe y es feo), acusado de plagio. Su Planeta. Su novela la ha denunciado una concursante coruñesa como propia. Cela no contesta a ninguna de las

20 preguntas que se le hacen. Recuerdo una tarde veraniega en su dacha, Guadalajara, cuando estaba escribiendo el libro y me consultaba cosas. Anochecía dulcemente y la sombra del plagio quedaba muy lejos, en el trasluz de lo porvenir. Pienso que CJC no puede plagiar porque sólo puede y sabe escribir como él mismo.

Cela saliendo del Juzgado entre guardias civiles, televisiones y público voraz. Las rodillas no le sostienen. ¿Por qué no ha recurrido a la silla de ruedas? En este país se empieza muy pronto, se trabaja toda la vida, se cumplen 85 años y lo que le espera a uno es un juicio popular donde se habla de «tomaduras de pelo». La calle, o sea la multitud ávida, la guardia civil y la tele son los tres monstruos que devoran a toda celebridad. Un premio Nobel puede ser tratado como un robagallinas. España no paga ni perdona. España es justiciera y acre.

Dan ganas de dejar el oficio. Aquí nadie quiere a los escritores, siempre sospechosos de algo. Una persona decente no se dedica a escribir. A esto, como al capote y el andamio, sólo se dedica el que no vale para otra cosa. Lo serio es ser militar, notario, prestamista o cura. La burguesía piensa que somos disolventes y tiene razón. El público de los sucesos está de parte de la señora anónima y «victimada». Anoche, en un cóctel, Marina me contó que la cosa va bien, que ellos pasan al ataque contra la demandante. Que todo es un disparate.

El proceso de Cela es como el de Kafka: no se sabe bien de dónde viene ni adónde quiere ir a parar. Quizá todos los procesos son iguales. La Justicia, que trata sobre la realidad, para siempre en una abstracción. El Cela agresivo, respondón, es un buen síntoma de convalecencia jurídica. Pasa él a la réplica. Esas veinte preguntas respondidas con el silencio son como una desaparición civil del personaje. Un parón al proceso. Ahora vendrá el contraataque. A todas estas amenidades les llaman la gloria.

El plagio

HACE unos años, pocos, Camilo José me dijo que estaba haciendo una novela para presentarse al premio Planeta, y me pidió opinión sobre el título, *La cruz de San Andrés*. Le dije que me recordaba un poco a *El hombre de la cruz verde*. ¿Por qué se presentaba Cela a este premio? Era mayo, estábamos en el jardín de su finca y la noche desplegaba sus azules en una actitud de porvenir. ¿Necesitaba Cela dinero, gloria, escándalo o qué? Lo cierto es que le dieron el premio y, cuando se publicó el libro, salió una señora de La Coruña, también concursante, diciendo que el libro de Cela era un plagio del suyo. Resultaba insólito que Cela, hombre de tanta ideación, necesitase inspirarse en una aficionada para hacer un libro sobre Galicia, tierra que ha demostrado conocer como suya literaria y humanamente. Por otra parte, ¿cómo podía haber accedido el concursante al original de otra concursante?

En los tribunales le dieron la razón al Premio Nobel o más bien no tuvieron muy en cuenta la querella. Cela era demasiada personalidad como para cargar con la responsabilidad de haberle penado por razones tan aleatorias como las literarias. En estos días en que escribo, marzo del 2001, doña Carmen, que así se llama la novelista, publica su novela con el plus de popularidad que le aporta su querella con el Nobel, querella que ha renovado. La autoridad correspondiente parece querenciosa de olvidar nuevamente el tema, pero no hay duda de que doña Carmen va a vender y a mover lenguas.

Algunos escritores hemos intervenido en la cosa, a favor o en contra de Camilo José. A uno le parece que el estilo de un gran autor es siempre inimitable, y así como no puede ser plagiado tampoco sirve para plagiar a otros. Cela está gloriosamente preso en su manera de hacer y de escribir, de la que no ha perdido el secreto con los años, y a mí, al margen de la picaresca literaria, me importa esta verdad: la voz propia es lo único que interesa del escritor y lo único que le ha interesado a Cela de sí mismo. Hoy he leído en una entrevista a José Hierro que «hay tanta poesía en Dios como en un vaso roto, la cuestión está en el cómo y no en el qué». Cela, precisamente, puede darle a Dios la dimensión desvalida y universal de un vaso roto. Cela puede darle al vaso roto una divinidad a la que asiste el chispazo luminoso del crepúsculo. Y no digamos José Hierro. De nada de esto sabe una palabra la autora supuestamente plagiada, que se queja de que le han robado una historia cuando las historias no son de nadie y sobran por todas partes. ¿Cómo podría el de Padrón renunciar a su manera o *maniera* para ponerse a imitar a una vecina? Nos salimos así de la pequeña anécdota del supuesto plagio, que debe constar en esta biografía, pero nada más. Nos interesa, en cambio, dejar escrito de nuevo y eternamente que la literatura no cuenta las cosas sino que las crea. Con grandes historias no se hacen buenas novelas, como no las hizo Alejandro Dumas, y con pequeñas historias se hacen milagros, como los hicieran Gabriel Miró o el propio CJC.

Entre los editores, los críticos, los gacetilleros y el público embrutecido nos han convencido de que novela es un asunto complejo, repetitivo y polvoriento. Pero hay un pequeño relato de Flaubert, *Un alma de Dios,* que trata de una asistenta que tiene un loro. La vida de la asistenta es un continuado sufrimiento, pero siempre le queda su loro. Cuando el animal muere, su dueña lo manda disecar, y años más tarde, vieja, ciega y moribunda, muere besando al loro disecado y las pajas que se le salen ya por todas partes. Julian Barnes ha dedicado todo un libro a este loro. No hace falta mucho más que un loro vivo o muerto y una mujer desgraciada para dar toda la dimensión de la vida y la dimensión inútil de la novela. Flaubert igual pudiera haber escrito trescientas páginas sobre este tema, tema que eligió a propuesta de George Sand.

¿Entenderá la vecina coruñesa que lo de menos es su historieta, su asunto, e incluso el asunto de Cela? Lo único importante es la «calidad de página», como dijo Julián Marías, y esa calidad de página sólo la tienen Quevedo, Cervantes, Gracián, Torres Villarroel, Valle-Inclán, Azorín, Ortega, Cela y pocos más. Estamos ya muy lejos, pues, del trapicheo de asuntos. Estamos en la literatura pura, en la *literaturidad,* que es donde siempre se ha movido Cela. La pequeña gacetilla del imposible plagio no importaría aunque fuese verdad. Importa señalar la huella digital de un gran artesano de la prosa por sobre los vulgarismos marujeriles de una concursanta impaciente. Nadie aprenderá nunca jamás que la literatura es un piano gloriosamente desafinado y no un aristón burgués para contar los chismes locales. El público y los editores siguen buscando asuntos de portería, ahora que ya ni siquiera hay porterías, mientras los dos o tres dotados hacen verdadera prosa, vivísimo y saltarín castellano, para que un día, después de muertos, les dejen libre una butaca en la Real Academia de la cosa.

Una trayectoria

No sigamos adelante sin examinar y recorrer la trayectoria que Cela nos marca con sus novelas (los libros de viajes quedan fuera de esa trayectoria y son para tratarlos aparte). El hombre que escribió *Pascual Duarte* es alguien que acaba de descubrir, en la guerra y en la vida, el estupor de la violencia como corriente de la historia. Trata no sólo de recoger novelísticamente esa violencia sino de llevarla al éxtasis de su absurdo con una fábula cruel y desmesurada. *Pascual Duarte* es hijo de esa violencia, o más bien su metáfora, o uno de los resortes violentos que mueven el mundo, en este caso su pequeño mundo. El autor no tiene respuesta al caos de la historia y nos lo dice creando más caos.

Pero hay un descubrimiento posterior, que es la violencia silenciosa, *La colmena*. Una ciudad organizada según la violencia, administrada por la muerte, regida por la falta de libertad, y que, según las apariencias, es una ciudad tranquila, civilizada, mediocre, populosa y confiada. El descubrimiento de *La colmena*, pues, es el de la violencia como cotidianeidad, el despotismo como armonía y el miedo como comunicación. La guerra está lejos, lo traen los periódicos, la guerra tiene otros idiomas y ni siquiera la entendemos. Madrid es una ciudad de un millón de cadáveres, según el poeta, pero los cadáveres se están callados, se están quietos y no alborotan demasiado. Asistimos aquí a la vida de los vivos y el novelista descubre, con mayor espanto, que hay una violencia interior a la violencia y que es la que se ejerce en nombre de la paz. Aquel Madrid soleado y lleno de cafés es una afortunada imitación de la vida donde todos están muertos por el mero hecho de que podrían estarlo. Madrid es una ciudad de culpables en libertad condicional. El escritor descubre la dictadura, que es otro plano de la guerra, otra manera de hacer la guerra o un paréntesis antes de seguir matando.

Éste es el descubrimiento fundamental de *La colmena*, descubrimiento que hace un hombre escribidor y solitario. Luego se emboscará en esa paz mortal, en esa muerte pacífica de una ciudad con tres o cuatro cementerios, más los paredones de fusilamiento, pero su testimonio ahí queda escrito para siempre. *Pabellón de reposo*, después de la muerte colectiva y la muerte anónima, viene a refugiarse en la muerte individual, dulcísima, delicada, de los enfermos y enfermas del pabellón, que miran ya la sierra como el resto de vida que les queda, como la soledad previa a su vocación de soledad. Vamos así haciendo sonar los distintos teclados de la muerte, de la violencia a la mansedumbre, pasando por la alegre muerte cabaretera de la gran ciudad. El autor ha descubierto aquí otra manera de morir, quizá la más soleada y triste de todas. Leídas así, en este escalonamiento, las primeras novelas de Cela, asistimos al progresivo descubrimiento juvenil de la muerte, con toda su rica, variada e imaginativa sinfonía. Es un característico descubrimiento de juventud. Es la edad en que no sólo se descubre la muerte, como suele decirse, sino las piadosas variantes del morir, que es algo más enriquecedor que el simple binomio vida/muerte.

Cadwell es ya una muerte irónica, madura, es un juego con la muerte, es la muerte asimilada como variante de la vida y, por lo tanto, Cadwell alterna en su escritura el sentimiento profundo y la ausencia del hijo con reminiscencias alegres, humorísticas, consoladoras, de la atroz desaparición. Tanto la protagonista como el autor están ya en edad de sentir la muerte por anticipado, como una de las trampas del vivir. Por eso, como se dice en este libro, la novela no acaba de ser triste ni alegre sino que se resuelve en un juego macabro e inocente que manifiesta la admirable versatilidad de Cela y de su personaje, que, según lenguas, tuvieron o tendrían amores algún día. Esta manera de vivir la muerte y de mezclarla como una especia con el sabor de la vida es la más frecuente entre los todavía vivos, y por supuesto, entre los personajes del libro y su autor. Hacemos recuento de las maneras de morir, que son las maneras de vivir, y nos asombra lo variado del repertorio. Por este proceso que aquí se ha descrito hemos pasado todos o estamos pasando. La muerte está siempre en las novelas de Cela y eso es más fuerte y universal que todas las ocurrencias que a Cela, como a Quevedo, se le han atribuido con o sin justicia. Hablar de la muerte sin sacar las coronas fúnebres o las palabras consabidas es mérito de nuestro novelista, que decidió un día sentar a la muerte en el corro de sus amigos y hablar de ella o con ella gastándole bromas como a una novia fea.

San Camilo 1936 es el libro de guerra, o sea otra vez

la muerte, pero ya completamente domesticada por el autor, convertida en viuda piadosa, crimen político o puta enferma. No hay muerte sino muertos, pequeños muertos vecinales, y la gran muerte de la guerra, colosal e inmediata, es sólo una abstracción. Nos basta con ver morir a un político o a un homosexual para conocer la guerra. La muerte en la guerra queda siempre sepultada bajo el número. La muerte en la escalera de la propia casa es la que prefiere Cela para contarla despacio, minuciosamente, y acostumbrarnos a ella como a una vecina nueva. La gente que bulle y fornica en *San Camilo* está muy viva, pero tocada ya de esa bronquitis que es la muerte, y por eso todo el libro quiere parecer alegre, para confundirnos, y tampoco es triste, sino que vive a la sombra monumental y panteónica de los muertos. El novelista ha confundido definitivamente vida y muerte, y esto es una confusión voluntaria que nos hacemos todos para ir viviendo y que se hace el escritor para ir escribiendo, mientras le llegan las grandes palabras sobre el morir, el tiempo y todo eso. No es más escritor el que nos da la muerte como espanto que quien aprende a domiciliarla en el barrio y en su libro, para humilde enseñanza de todos. No hay que decir que éste es el caso de Cela.

Izas, rabizas y colipoterras

«DE cuantas coimas tuve toledanas, de Valencia, Sevilla
y otras tierras, izas, rabizas y colipoterras, hurgamande-
ras y putarazanas...» Con este barroco y poderoso sone-
to inicia Cela su libro titulado según ese primer verso. La
colección Lumen había proyectado una serie de libros
gráficos con textos ilustres: Delibes y la caza, Aldecoa
y el boxeo, Cela y este tratado del mal amor que él escribe a partir de un valioso y revelador reportaje gráfico del barrio chino de Barcelona, hoy desaparecido. Según tiene por costumbre, Cela inicia y envuelve todo el
libro en un contingente de erudiciones clásicas y moder-
nas, irreprochables o confusas, siempre de gran sabor y
valor dentro de las erudiciones negras y primorosas de
nuestro autor.

Quevedo, en sus escritos satíricos, es el primer nombre que se nos aproxima ante esta sabia mezcla de desver-
güenza y estudio, de blasfemia y devoción por la palabra
culta y las malas costumbres. Ya nos hemos referido an-
teriormente a esta obra, compendio de humanidades malditas que le permite a Cela exhibir sus plurales culturas
clásicas y su personal capacidad para definir, penetrar,
desvelar y contar a un personaje a partir de un rasgo, de

una foto, de un detalle, de una miseria. Como pasaba con los retratos de Picasso, la meretriz aludida gráficamente acaba pareciéndose más al diseño celiano que a la propia fotografía. Hay, por supuesto, en Cela, una sabiduría de hombre muy trabajado por estos arrabales del vivir o malvivir que tanto frecuentó por los puertos del mundo y también en el lenocinio de secano. Pero hay, sobre todo, ese poder de observación que hace a Cela novelista pese a todo, capaz de deducir una vida, una biografía, a partir de una mirada, un peinado, un derrumbe del cuerpo, una joya barata o ese encanallamiento sombrío que los años y los parroquianos van poniendo en el ánimo y en el ánima de la puta o de cualquier otro individuo.

De cualquier minucia deduce el autor toda la doliente profundidad de una vida, o se la inventa, hasta conmovernos por su penetración y su verdad. El libro fue publicado más tarde sin fotografías, en edición de bolsillo, y, como quizá ya hemos dicho aquí, queda aún más literario y emocionante si suprimimos el soporte gráfico, pues todo va a cuenta de la inventiva del autor. Toda una Comedia Humana metida en el barrio chino de Barcelona, comedia humana y femenina donde la prosa y la indagación sensitiva del autor van dejando un rastro de biografías macilentas, de pasados querulantes, de indignación, pecado y una decadencia triste que no sabría decir su nombre.

Quevedo, hemos dicho. La charnela entre Quevedo y la realidad fotográfica sería Goya, que metió en el blanco y negro todos los colores del arco y otros que a él se le iban ocurriendo. Cela sabe ver bien todo el goyismo que hay en esta raza, cuando envejece y se llena de furia.

Hay deformaciones del alma que se salen por el cuello de la camisa, y esto mucho antes de Goya, sólo que él lo vio con acendramiento, más aún que Velázquez en sus enanos. Hay meninas entre las putas, también de antes de Velázquez, pero la condición volandera y caediza de la mujer la retrata Goya mejor que nadie, lleno de una misoginia genial, de una genialidad que llamamos misoginia, porque aquí se reúnen estos tres grandes misóginos de España, Quevedo, Goya, Solana, pudiendo añadirles a Valle-Inclán y Cela.

El deformismo profesional de Goya lo da Cela en este libro sacándole chepas a la prosa y bultos adonde no los hay. Son gente que «no ama a sus personajes», porque en realidad tampoco son personajes sino instantáneas brutales de la enanidad de España, joyeles del puterío y gracia de las cosas que murcielaguean por el cielo entre dos luces, el desnudo de una niña o la sombra de una bruja, más la gran capacidad voladora de las escobas, que son el futuro aviónico del siglo XX, que ya se veía venir en algunos atardeceres con luces de situación, como los aeródromos del XIX, que el primer helipuerto fue El Escorial.

Y, como Goya, Solana o Valle. Cela es de trazo más fino que todos ellos, tiene la prosa más estilizada, hace mejor caligrafía con las putas, se le nota poeta, aunque borracho, y así es como hizo un libro maldito, interminable, sombrío, lleno de esa risa torcida, dura, quieta, que acompaña a Camilo algunas veces.

Su prosa siempre es plástica, visual, y aquí uno de los secretos de su eficacia. Pero, referida a un libro de fotos, queda como un aguafuerte, se sobrepone al satinado de la fotografía y nos da unas putas macilentas, casi todas ya en la hora penúltima de la sexualidad pervertida.

Lo que mejor se ve en la decadencia de la mujer es la decadencia del hombre. Cientos, miles de adolescentes y de ancianos se han dejado la respiración y el dinero sobre el hule verde que es el cuerno ya usado de una puta. A través de ellas vemos generaciones de caballeros que metieron sus guantes en la mierda y, cuando se sacaron los guantes, resulta que no tenían manos.

Izas, rabizas y colipoterras, meretrices de varia condición. Y el barrio chino, puerto humano de barcazas varadas, con las piernas muy abiertas aquellas putas que todavía fumaban ducados y hoy, en la prosa de Cela, rinden viaje con un cáncer de matriz, las cartas de un legionario, el Cristo de su pueblo, el rosario de la aurora y el reloj parado de aquel tío que se las murió en la folla.

El andarín de su órbita

En sus últimos tiempos, Cela paseaba todas las mañanas por el Pardo, que lo tenía al lado de casa, entre jabalíes y corzas, ejercitando y ejercitando sus rodillas, que se le iban quedando rígidas. Camilo siempre fue un hombre de gran voluntad y de mucha paciencia —dos virtudes que no sirven de nada si no van aliadas—, y lo que hacía ahora era ejercitar su voluntad y su paciencia en estado puro, el esfuerzo por el esfuerzo, una lucha contra la petrificación del esqueleto, músculo puro y duro. De todos modos, le costaba andar, pero es que otro, en su caso, se habría entregado ya a la silla de ruedas.

Después de estos ingratos paseos, en los que subsistía, sobre un fondo dramático, el CJC madrugador, andarín e insistido, Cela se metía en su despacho a leer los periódicos y escribir. Entre otras cosas, hacía el artículo de los domingos para *ABC*, una sección que nunca llegó a ganar plenamente al público, pues, como ya he dicho aquí, su género no era precisamente el articulismo, y lo sabía. Narrador sobre todo de historias cortas, algunas de sus novelas son una alfombra de nudos, un trenzado de pequeñas historias. Luego, la calidad de la novela depende de la calidad del trenzado. A cada escritor hay que leerlo en su modalidad y es torpe pedirle que haga lo de otro. Otro que a su vez no sabría hacer lo suyo.

Cela escribió siempre a mano, con una letra poco literaria, pero en cuya monotonía casi oficinesca se advierte también la insistencia, como en los paseos, la constancia, la voluntad de seguir sin variantes, algo así como una lluvia fina que no llega a ningún alarde, pero puede continuarse indefinidamente.

Por eso los manuscritos de Cela valen bastante dinero. Porque ya casi nadie escribe a mano y porque en la caligrafía de Cela se ve el carácter paciente, insistente, de un hombre que creía en la virtud de resistir, y así resistió el Nobel y todo lo que vino después.

A media mañana empezaba su relación con el mundo, mayormente telefónica. Las llamadas de Camilo eran siempre inesperadas, lacónicas y llenas de sentido:

—Buenos días, Paco, soy Camilo José.

Daba el recado y se despedía. Cuando uno quería coger el hilo y seguir, Cela cortaba con un «Bueno, bueno, bueno...» lleno de impaciencia.

Es el único español que he conocido capaz de hacer uso correcto del teléfono. Aquí hasta los ministros se enrollan. Y el Rey, al menos cuando me llama a mí. Graham Bell inventó una máquina de dar recados, no una herramienta de la conversación banal, que es como más lo usan las señoras de la mañana libre y chismosa y los literatos telefónicos.

Del laconismo y la urgencia de Cela aprendí a no perder un minuto comentando lo mil veces comentado, a no enredar la conversación y la vida en banalidades que nos llevan la mitad del día. Incluso el gran conversador —especie que se va perdiendo— no tiene por qué ser un conversador telefónico.

Cela no ha dejado un solo momento de su vida de ser Cela, de estar en Cela, y, como me decía una vez Charito, o sea Rosario, su primera mujer:

—Yo le admiro, porque sólo así se llega a ser Cela.

Lo presente que Camilo José se ha tenido siempre a sí mismo es el secreto de que llegase más lejos que otros, más lejos que ninguno, superando incluso a los mejor dotados que él, o, por mejor decir, a quienes le superaban en aquello en que Cela flojaba. Cela, pues, o la voluntad.

Tenía el cráneo de más grosor que el normal y eso era como una metáfora de su cabeza percutiente, que no se limitaba a romper platos con la frente, para regocijo de los niños, sino que sabía insistir sin enojo, repetirse sin cansancio y sin cansar, y muchas cosas las logró simplemente por agotamiento del contrario. Todo se lo propuso en serio en esta vida, y odiaba los proyectos vagos, a los que somos tan propicios los escritores españoles. «El que resiste gana» es todo un lema que hizo famoso, y que parece simplista, pero es una abrumadora verdad.

Insistimos, como rasgo de Cela, en su enorme y siempre fluyente voluntad, que sólo conocimos unos cuantos, los que le hemos tratado toda la vida. Cela, de lejos, puede dar la impresión de un viajero, de un hombre que se deja llevar por la improvisación, de un ocurrente que vive de la ocurrencia de cada minuto.

Muy al contrario, Cela se rigió siempre por una dura voluntad. Tenía pensado hacer unas cuantas cosas en esta vida y las hizo todas, dentro o fuera de la literatura, sin quedarse nunca en rehén de la pereza del creador. Sus empeños y empresas se han cumplido porque Cela no los abandonó nunca. Se salvó de la molicie «inventándose pasiones», como el Don Quijote de Voltaire, y sus pasiones eran ley para él mismo, para su proyecto vital. La ambición pesaba en él más que la barriga, o más bien diríamos que la ambición le hacía ligero, audaz, insistente, terco, triunfador.

Todavía después del Nobel se propuso ganar el Cervantes. Insistió diez años y lo ganó. Y luego barroquizó la operación dándole el premio, al año siguiente, a un enfermo de Alzheimer, José García Nieto, tan ausente ya del mundo como un muerto. Esto de premiar a un muerto le fascinaba, porque le parecía justo y difícil. Los proyectos difíciles, los desafíos, estructuraban a nuestro autor. Cuanto más difícil la empresa, más disciplinado la servía.

El hombre ha de estructurarse a sí mismo cada día en función de algo concreto e inmediato, aparte las líneas generales de su vida, y a Cela le estructuraban los proyectos complicados, pero sólidos y hacederos. Su implicación en lo que estaba haciendo era lo que le tenía en pie últimamente. No se trataba sólo de intentar lo imposible, sino que lo imposible le tentaba y le daba fuerzas para seguir. Incluso las hazañas que le fracasaron fueron fecundas en cuanto a proporcionarle energía, una energía que le venía como del futuro y le impulsaba a seguir.

Esta gran voluntad de Cela hay que decir que está drapeada por la minuciosidad. No era hombre de trabajar a grandes rasgos, aunque su gran decisión puede fomentar este equívoco, sino un insecto minucioso y paciente, monótono, como ya hemos dicho de su caligrafía, que prefería laborar el detalle a vivir de improvisaciones brillantes, aunque tuvo alguna.

Cela fue el relojero de su vida, el miniaturista de su obra, el miniador de sus planes. Trabajó siempre con herramientas de estilo muy finas. Viajé bastante con él y era hombre que se imponía un horario de salida y otro de llegada, y los cumplía férreamente, aunque no hubiese necesidad. El vagabundeo público de CJC era un vagabundeo sometido a norma y horario.

Hay un nomadismo celiano, incluso en los títulos de sus libros, pero ese nomadismo se cumplió siempre contra reloj. Lo mismo podemos decir de las empresas intelectuales y de su propia vida particular. Camilo creía en la puntualidad más que en la inspiración, pero le gustaba, por eso mismo, dar la imagen de todo lo contrario.

Su vida fue movida e inamovible. Estaba en todas partes y estaba siempre en el mismo sitio: en un lugar llamado Cela.

Tenía una tendencia al viaje y a la aventura, pero tenía un fondo de estatua de la isla de Pascua con algo de Buda laico. Era sedente a sus horas y era incesante también a sus horas. Esta alternancia del movimiento y la inmovilidad es lo que más caracteriza el pensamiento y la biografía de Cela. Hizo mucha vanguardia en sus libros, pero al mismo tiempo volvía siempre a sus clásicos, los grandes clásicos españoles, hasta el 98 y el 27, en cuanto a modernidad.

Podríamos asegurar que después de su triunfo ya no

le interesaba leer nada ni a nadie, salvo los eternos clásicos en verso y prosa, que se sabía de memoria. Y en esto no había sólo vanidad soberbia, sino el tirón fuerte y grande de una gente y un mundo, el mundo clásico o barroco en el que se aventuraron sus primeras lecturas. Era lo mismo de sus viajes. Fue muy lejos en su prosa, pero volvió siempre a la España pedernal y perfecta.

La novela de la guerra

DURANTE su estancia bajo el principado de Huarte, Camilo aprovecha para escribir y publicar su penúltima gran novela, *San Camilo 1936*, porque San Camilo es el 18 de julio y puede festejarlo socapa de que celebra su santo. *San Camilo* es una novela coral, como *La colmena*, pero con el disco acelerado. La ida y vuelta de personajes va mucho más rauda que en *La colmena*. Cela ha enloquecido de novelismo. Muy bien. Lo quiere contar todo. Y tiene el aliciente de un mecenas que todavía cree en las grandes novelas del maestro. *San Camilo*, como Camilo se ha preocupado de aclarar, no es una novela de la guerra, sino una novela que ocurre en la guerra, que la tiene como fondo.

El libro lo anticipó en el Mindanao, en una comida con motivo de cualquier cosa, como todas las de Madrid, y con la presencia ilustre, recuerdo, de Laín Entralgo, que aprovechó el ambiente celiano para glosar «la dulce pera matinal y pura» (con regocijo de amigos reprimidos), o sea, lo que uno llama paja, gayola a la portuguesa y gallarda a la española. Distraídos en sus pajas, gayolas, peras y gallardas, los amigos se han olvidado del Nobel de Cela, que les ha dolido mucho, y de una novela tan importante y nutrida como *San Camilo*, que quizá cierra e inicia un ciclo en que este indestructible escritor ha sido menos afortunado, de *Oficio de tinieblas* a *Madera de boj*, pasando por *Cristo versus Arizona*. Cela, en fin, cayó en la trampa de la vanguardia y la antinovela. Si me hubiera preguntado a mí...

Cela, a los diez años, cruzaba por primera vez Castilla, en ferrocarril, procedente de su Galicia verdeante, y lloró contra el cristal de la ventanilla descubriendo aquel paisaje desértico y heroico. Cela, pues, era un 98 puro desde los diez años. Le iba más la adusta Castilla románica que la frondosa y sinuosa tierra natal. Yo, a los quince años, leí el *Pascual Duarte*, en una edición de letra grande —el libro es corto—, y fue como una pedrada de luz en la frente. Comprendí que había que hacer la prosa así, con todo el idioma y con toda la violencia de esta lengua guerrera.

La colmena es la novela definitiva de un escritor que, lleno de respeto hacia Galdós, Baroja —de quien fue amigo—, el 98, ha leído a los americanos, comprende la exigencia de una buena prosa —Faulkner— y de una estructura nueva: Dos Passos.

De ambas convicciones nace *La colmena*, que, como ya se ha contado aquí, me parece, es la gran novela del jefe. Se trata, como siempre, de contar lo que uno ve y vive, pero, frente a la linealidad de la vida, oponer una estructura novelística compleja y sólida. Hoy, Manuel Vicent (descubierto por Cela) y yo mismo volvemos a la linealidad, de regreso irónico de los artificios y juguetes de los primeros chicos que entraron en el Café sabiendo inglés.

No hay mayor documento del Madrid de la posguerra que *La colmena*, aunque luego Cela consintió, por la comercialidad, en que Dibildos le hiciera en cine una versión atenuada, costumbrista y boba.

Hoy por hoy, sus artículos de *ABC* no tienen mucho sentido —salvo cuando habla de mí, claro—, y su última novela no la ha entendido ni gustado nadie. Los escritores aman el Nobel, pero no saben que después del Nobel puede venir un periodo de sequedad, como el moralismo/parabolismo de algunos, la indescifrabilidad del chino y en este plan, incluida la ilegibilidad de Cela, con *plagio* incluido. Planeta, cincuenta millones, leches. En una noche de mayo, felices y solitarios en su jardín, integrados en la elipse de los astros y la poesía de Kepler, me volvió a consultar sobre el libro en marcha.

Hubo un silencio. Cela valoraba mi cultura literaria. Yo disfrutaba mis erudiciones, las mujeres del sarao no estaban. La novela triunfó frente a una bella novicia que no sabía escribir, o sea que escribía como se escribe, que es la manquedad de esta generación.

Luego, el argumento de Cela lo denunció una concursante también galaica, que era quien había escrito la historia. Le habían tomado el libro para pasarlo por la máquina estilística de Cela. El pleito se aplazó con el silencio eterno para una novela ganadora, rehén del estilo. Cela, en sus últimos tiempos, no era sino su estilo, eso se notaba. Pero nunca olvidaré aquella noche en la finca de la Alcarria, cuando el poderoso Cela me confiaba sus incertidumbres. Mayo aleteaba sobre nosotros como un murciélago lírico y de mal agüero.

Mazurca

Con *Mazurca para dos muertos* consigue Cela su mejor novela de la guerra, siempre a mucha distancia de la guerra, pero utilizándola como fondo y como manadero de odios y fanatismos en la vida española, en la vida aldeana de Galicia.

La *Mazurca* es, sin duda, la novela donde mejor consigue Cela una narración/río, al margen de las exigencias tradicionales, pero que al mismo tiempo nos lleva por los manantíos veracísimos de Galicia, de España, de una guerra civil que hicieron las derechas, a muerte, para recuperar la España que les había ganado pacíficamente la República.

Al protagonista, pasivo y narrador, se le advierte la distancia, la ironía, el respeto, pero la narradora le llama por su nombre, don Camilo, y ambos parecen del bando rojo, o al menos del bando sensato, poco partidario de andar con los fusiles alborotando al personal.

En *Mazurca* hace Cela su último gran esfuerzo por novelar un tiempo y unas gentes. La novela obtuvo el premio Nacional y se habló mucho de ella. Yo la he leído dos o tres veces, estudiándola, y advierto que Cela describe con velocidad los grandes murales —«a rapa das bestas»— y se demora en lo mínimo, lo anecdótico, lo irónico, más puntillista que palabrón, más miniaturista que pintor al fresco, más minimalista que alicatador abstracto de grandes superficies.

Esta novela dolió mucho a los angloaburridos, anglosajonizantes y anglosajonijodidos, pues que ellos andaban buscando una fórmula nueva para contar la guerra civil —*Herrumbrosas lanzas*—, mientras que Cela la encontró muy fácilmente y sin faltarle el respeto a su estilo.

Con la *Mazurca* vuelve el Cela total, que conoce a Marina en Vigo, que vive en el chalet de su paisano Otero Besteiro, frente al mío, escondido de la prensa y los jueces, y que Otero le cede, yéndose a un hotel de Madrid, hasta que el maestro regulariza su situación.

Camilo, con gran novela, Camilo con mujer nueva, Camilo sin un duro; es cuando empieza a funcionar el runrún del Nobel.

Una tarde nos llamó a otros y a mí a Guadalajara:

—Que tengo noticias buenas y nuevas.

En un pispás nos pusimos en su pueblo.

—Que Marina está preñada de gemelos. Hay que celebrarlo.

Calculé la edad de Camilo. Imposible. El maestro estaba jugando con nosotros, como de costumbre. Volvimos a Madrid muy tarde y yo no había logrado adivinarle a Cela la verdad, porque una verdad había, pero confitada de mentiras. Marina callaba. Al día siguiente nueva llamada.

—Que esta noche me dan el Nobel.

Ahí estaban los mellizos. Cuando llegamos a Guadalajara, en la noche del Nobel, la casa estaba llena de gente, el doctor Barros asistía a Cela como si el Nobel fuese una pulmonía, y Cela hablaba interminablemente con Gimferrer, que le llamó desde Barcelona, y que es poeta experto en Nobeles.

Las abrumaciones de las teles, con sus focos, y ya muy tarde la soledad de los amigos. Cela miraba al vacío y hablaba consigo mismo:

—Hay que joderse, el premio Nobel…

Había luchado toda la vida por eso, y ahora que se lo daban le parecía una mentira, un sueño, algo que podía desvanecerse en cualquier momento. No sé si Cela fue capaz de echarle un polvo a Marina aquella noche. Hay emociones que arrugan. Al sexo sólo le alegran las fortunas del sexo. No entiende de otra cosa.

Volvimos a Madrid con el alba.

La obra de Cela es vasta y justificada. *Mazurca* es una de sus mejores novelas, la novela de Galicia y de la guerra, las dos grandes realidades de su vida, que había ido demorando. Alguien sufría mucho en Mallorca. La juventud robusta y engañada, de Quevedo, triunfaba sobre la madurez adulterada en negro. Otero no había leído una palabra de Cela, pero adoraba al amigo, en la medida en que puede adorarte un gallego, joder con la raza. Cela, que le reprochaba a César la impaciencia, le había echado mucha paciencia a la cosa. El Nobel le vengaba hasta de los cuernos. Yo tengo mucho de Cela, aunque no me parezca a él escribiendo, y admiro sobre todo su actitud humana. La gente no se merece más que un ligero desprecio.

Profesor de energía

En su juventud Cela era un «profesor de energía», quiero decir que su cercanía comunicaba optimismo, ganas de vivir y de escribir, una suerte de juventud moral que iba a durar siempre. Y no es que Cela fuera excesivamente amistoso con la gente, sino que su seguridad, su manera de estar en el mundo, el eco de su voz, en cuyo fondo había una doble nota de autoridad y distinción, acababan creando una «atmósfera Cela». Lo que se vivía en realidad, en la tertulia de Cela o en la barra de un bar, era una alegría natural, una avidez de existir. Su clima era el optimismo, pero no ese optimismo exultante y tan español sino un optimismo contenido, interior, bien dirigido y con un matiz de ironía que a veces dejaba ver, como una brecha de luz, un abismo de indiferencia e incluso desprecio por algunas cosas y gentes. En aquel clima Cela se estaba o no se estaba, pero no se podía entrar y salir. En cierta ocasión en que los de la tertulia hablaban de premios, traducciones, ventas y homenajes, recuerdo que Cela interrumpió:

—Reediciones, traducciones, premios... Pero todo eso forma parte de la vida diaria del escritor, es sencillamente su oficio. No sé por qué hay que hablar siempre de esas cosas.

No sé, o más bien supongo que sí, si los escritores siguen hablando de todo eso, pero aquella vez se callaron o cambiaron de conversación. Efectivamente, Cela habla poco de literatura y menos de esas minucias y obviedades que alimentan la pequeña vanidad de cada uno. Indudablemente, Cela prefería hablar de la vida y en este sentido podemos definirle como profesor de energía, ya que pasaron los años y él siguió siendo un hombre vital que hablaba siempre —más bien poco— de cosas inmediatas que le habían sucedido, de anécdotas viajeras o callejeras en las que el escritor no aparecía para nada. En cualquier caso, Cela comunicaba literatura, estaba en el interior de la literatura, su lenguaje era naturalmente literario, briosamente literario, y lo que he llamado el clima Cela era un vivir dentro de la literatura con la misma naturalidad y fragancia que un pescadero vive en su pescadería. Cela era literatura fumando, conversando y bebiendo vino tinto, pero nunca abrumaba a nadie con la presencia de sus libros, sus méritos y sus proyectos.

En esto se conoce al escritor y se le diferencia del que no lo es. El escritor añade siempre un matiz literario a la vida que no es precisamente literatura. Este matiz, como hemos dicho, en Cela era de optimismo o de cruel alegría. El estudioso, el aplicado, el erudito, el academizable, con frecuencia adolecen de algo, y es que no acaban de resultar escritores. No me estoy refiriendo, naturalmente, a la pipa, la chalina y otros aperos literarios del profesional, ya tan olvidados. Me refiero a la temperatura literaria que se puede respirar junto a algunos autores, y que quizá tienen menos obra o menos gloria que el predestinado, pero suenan a escritor desde que llegan. Lo que etiqueta como literatura cualquier cosa de Cela es un algo indefinible que, sin embargo, nos permite adivinar al escritor como en el tranvía adivinamos al cercano burócrata, al cercano mendigo, al inmediato burgués que viaja con nosotros. A la obra de un escritor nato y con clima propio pueden faltarle muchas cosas y sobrarle algunas (esto ya es menos frecuente), pero en cuanto empezamos a leerle asciende del libro hacia nosotros el perfume de la literatura como una emoción. Escritores mucho más completos, perfectos y laboriosos carecen de ese perfume, sus libros son inodoros, aparte el grato perfume de la imprenta.

Podríamos poner muchos ejemplos del escritor/escritor en nuestras literaturas, quiero decir las europeas y contemporáneas, y lo que cabe deducir es que el que se hace siempre amo de la situación es el que tiene esa suerte de magia en todo lo que hace. Baroja es más escritor que Valera aunque Valera quede mucho más perfecto. Y creo que con un ejemplo basta. CJC se hace dueño de la situación en la España de posguerra antes ya de publicar sus primeros libros, porque tiene el don en cada artículo, cuento o apunte carpetovetónico. Le rebosa y rebasa el escritor por todas partes y eso lo vieron los compañeros, lo vieron los censores, lo vieron los editores y por supuesto lo vio u olió el público. Pudiéramos pensar incluso que se trata de una injusticia o de una moda, pero en realidad se trata de una constante, de una corriente, no sólo de una figura, y el más representativo de una generación acaba siendo el que tiene el don, ese don tenue y perdurable, o fuerte y actualísimo que, a fin de cuentas, es lo que buscamos en la literatura, salvo quienes buscan asuntos, muchos asuntos, y no se enteran de a qué huele lo que están leyendo. Por eso les da igual un autor que otro.

El profesor de energía no es sólo profesor literario sino profesor de vida, hombre que nos enseña a estar e incluso, con el tiempo, a ser. Ha conocido uno pocos profesores de energía, pero los suficientes como para confesar que su comunicación y su tempero humano nos han ayudado a terminar un libro o, sencillamente, a soportar y prolongar la cruda, traicionada, lóbrega e inevitable vida del escritor.

Boj

MADERA *de boj* era una experiencia, pero una experiencia
letárgica. A Cela le dieron las fichas de los naufragios
—mayormente ingleses— y se limitó a utilizarlos como
leguarios de un mundo y una vida, el Finisterre, del que
apenas nos dice nada, salvo cuatro episodios eróticos,
como de costumbre.

A Cela nunca le costó escribir. Lo que le costaba
era montar un argumento, un asunto, una historia, dar
coherencia a unos personajes más allá de la anécdota.
Pascual Duarte no tiene argumento porque no se sabe lo
que pasa. *La colmena* tiene mil argumentos para no desa-
rrollar ninguno. *San Camilo* y la *Mazurca* parece que lo
tienen, pero no lo tienen, como el romance de Lorca.

Esto es lo que autentifica el vanguardismo de Cela, el
cansancio del asunto decimonónico, «La odiosa preme-
ditación de la novela» (Breton). Cela sueña con lograr
la novela de vanguardia, sin argumento, más atento a la
escritura y al clima que a la trama. Esto lo consigue a
partir de *La colmena,* con unos cuantos libros, pero luego exhaustiviza la fórmula y la construcción ya no susti-
tuye a la historieta sino que la historieta se echa de menos como una apoyatura en que sentarse a descansar

de la incesante prosa. Tampoco creo que estos academicismos importen mucho a Cela, poseído como estaba de su gloria sin par —la necesitaba para subsistir—, aunque Marina, en los últimos y peores tiempos, le daba la prensa censurada, recortada, eliminando todo lo que pudiera herir el marcapasos del maestro.

Una vez se lo había dicho yo cenando en la finca, con Pablo Sebastián, MP y otros:

—Hoy te interesa más sacar *Madera de boj* que ganar el Cervantes.

Pero sacó *Madera de boj* y ganó el Cervantes, o a la inversa, no recuerdo, y ni una cosa ni otra le añadieron nada a su gloria literaria. Lo que yo quería decirle es que el ratificarse como novelista, el mostrar que no estaba acabado, era más enriquecedor que el ganar un premio oficial, tan secundario para un Nobel. Pero él tenía la obcecación del Cervantes.

Cela, que se creía tan ácrata, vivió siempre el fetichismo de los premios. Y es que la gloria social era para él la Gloria disfrutable, no la gloria municipal de las estatuas al muerto. En estos tiempos que gloso inaugura la Universidad que lleva su nombre, viajando en coche eléctrico, moderno coche de ruedas, por todas las instalaciones. Se trata de una Universidad privada en la que sin duda ha metido mucho dinero o ha sacado mucho dinero.

Así, la Fundación, en Iria, que comprende una cadena ferroviaria de antiguos conventos, lleno todo de cosas, y donde Cela quería dejar su mano derecha y su cabeza, disecadas, como curiosidad para turistas. Alguien le disuadió de tan macabro proyecto.

La Fundación es hermosa y rica. Cela se estaba quedando con medio pueblo. El día que acudí a conferenciar, Camilo estaba con fuerte catarro —frías nieblas galaicas, aunque era verano— y a la cabecera de su cama tenía al arzobispo de Santiago y a la condesa de Fenosa, los dos personajes más poderosos de Galicia, por encima de Fraga.

A mí me pagó una mierda por mi conferencia sobre *El mal amor*, glosa del libro de las *Izas* que me parece uno de los mejores que escribiera nunca, crónica del barrio chino de Barcelona que había salido en Lumen con fotos y luego en bolsillo sin fotos. Quedaba mucho mejor sin fotos, pues todo parecía invento del novelista, pero las fotos siempre ayudan mucho.

Lo de la Universidad fue la culminación y deja pequeña y provinciana a la Fundación. Nadie como Cela, ni Blasco Ibáñez, ha sabido nunca sacarle tanto dinero a la literatura. Y con mucha mejor prosa que el valenciano.

Husserl

CUANDO Husserl descubrió una manera nueva de filosofar, otros pensadores europeos, posteriores a él, se encontraron mucho camino recorrido y mucho pensamiento desescombrado. El método de Husserl consiste en olvidar metafísicas e idealismos para traer la filosofía a los aledaños de lo inmediato, al reino de las cosas, que están ahí y nos miran. Con Husserl nace la moderna manera de pensar, que luego pasaría a Heidegger y a Sartre y que todavía hoy es base de todo pensamiento positivista, fenomenológico, etc. En algún libro, Sartre expresa la luminosidad de este acontecimiento que fue para él la escritura de Husserl: «Esto es lo que yo quería —dice—, esto es lo que yo buscaba; escribir sobre las cosas que están ahí, delante de mí, y que eso sea filosofía.» Del mismo modo, pudiéramos decir que Cela nace escritor cuando descubre que puede escribir de las cosas que le rodean, grandes y pequeñas, antiguas y actuales, viejas y nuevas, y que eso es ya literatura.

Me parece que se ha tratado poco o nada este punto de vista husserliano en la obra de Cela, quien sin duda ensayó muchos caminos mentalmente, incluso el surrealismo, antes de ponerse a escribir con voluntad profesional. Así, su primera novela, el famosísimo *Pascual Duarte*, es una novela visual, táctil, donde los objetos y las personas están unos cerquísima de otros. Cela empieza hablando de niños, de cerdos, de escopetas, de mujeres, de perros muertos, de mulas malditas, de mujeres malparidas, todo un pueblo, todo un mundo estrecho y atroz que el novelista da directamente, esto es, al margen de cualquier meditación o consecuencia mental sobre el asunto y el paisaje. Aunque se trata de una novela escrita en primera persona, al protagonista no se le escapa ninguna reflexión, no se le desliza hacia las páginas ninguna trascendencia de juicio o glosa. Las ideas de *Pascual Duarte* son elementales, directas, inmediatas, referidas a lo que está haciendo y ni siquiera a lo que va a hacer.

Es decir, que Pascualillo resulta tratado también como una cosa, y así todos los personajes. Por otro camino que el citado Husserl, este tratamiento objetual de las personas viene del Barroco español y no otra cosa es que manera barroca de ver y pintar el mundo, con los resultados grandiosos que todavía disfrutamos. Cela ha dejado siempre el beneficio del pensamiento puro para sus ensayos, prólogos, estudios, erudiciones, etc. Aquí se ve lo novelista que es, no deslizándose jamás hacia especulaciones que es el lector quien debe hacerlas. En libros como *Oficio de tinieblas* o *El asesinato del perdedor*, Cela, muy avanzada ya su obra, se entrega a veces a la reflexión, al hilo de lo que está contando, o sustituyendo el relato con tales reflexiones. Pero incluso el pensamiento literario o filosófico de Cela es tan plástico y movedizo que seguimos dentro de su territorio cuando leemos un ensayo de su pluma.

Pascualillo era un mozo de poco numen, pero en *La colmena* hay ya cientos de personajes, y todos van, vienen, hacen muchas cosas, reflexionan a su manera pero nunca incurren en el pensar filosófico o literario, por donde asomaría su truco el autor, como asoman otros. Así, podríamos ir viendo en cada libro de Cela el amor a las personas y las cosas, todo lo que él puede transmitirnos a través de una cristalería de café o los zapatos viejos de una mujer.

Pero donde mejor se aprecia esta concepción tectónica del mundo que tiene el autor es en sus libros de viajes, donde los personajes quedan aún más cosificados por la brevedad de su actuación, mientras que el universo de las cosas, la naturaleza, se despliega con cadencia y variedad para la mirada del viajero, que sabe nombrar el primer vuelo del primer pájaro, la última flor de la sigilosa noche, el color de la mañana y el naufragio irremediable de todas las estatuas del crepúsculo en el río del pueblo, a más de los dialectos locales, los nombres propios de las gallinas, la textura del chorizo, la calor de los niños y la amistad del vino. He aquí el Cela más husserliano, feliz en la compañía de lo verdadero, de lo sencillo, de lo grandioso, de esa cosa matinal que tiene el mundo en cuanto dejamos atrás la vil ciudad, que el viajero acostumbra a rodear para no entrar en ella.

En otros géneros, como el cuento, el apunte o la estampa, CJC también se encuentra muy a gusto con la intimidad abierta de las cosas, la tapia del cementerio, el orinar de las niñas, la luz de los ciegos, la baba de los tontos y toda la tropa de árboles y personas que siempre le sigue y le inspira. Por cierto que Cela no cree en la inspiración ni en la improvisación, esas dos maneras románticas de hacer las cosas, porque la inspiración son las cosas mismas y la improvisación es una manera brillante y vacía de no ver las cosas. Cela, pues, sigue fiel a sus presupuestos positivistas (por seguir con la jerga del principio) y vive la orgía perpetua de su diálogo con el mundo real, haciendo una y otra vez la comprobación de lo que se le revelara muy pronto: que la vida lo es todo y escritor es el que hace intimidad con la vida y sus aperos. Puede decir como Sartre: «Escribir de lo que tengo delante y que eso sea filosofía.»

O mejor aún literatura.

Nietzsche y Cela

Los pensadores que más han influido en Camilo José Cela son los latinos, y luego Nietzsche. En *La colmena* sale un tabernero que lee mucho Zaratustra, a escondidas de la pareja de grises que le frecuenta. Los latinos son rebozo y consejo distante del ensayista Cela. Nietzsche es el filósofo <u>vivo</u>, actuante, que más le ha impresionado, sin duda.

¿Hay mucho del pensamiento nietzcheano en la vida y la obra de CJC? Sin duda. Cela es un Nietzsche de corbata como Nietzsche lo fue de chalina. La soledad alpina, la misoginia, el dominio de los mejores, el superhombre, la calidad por delante de la caridad, todo eso le viene a Camilo José de sus lecturas reiteradas de Nietzsche, aparte la afinidad existencial. Cela pelea por el superhombre español, sin saberlo, en sus años militares. Cela no cae en el adanismo de considerar al español el hombre supremo —como lo consideraba Alberti cuando le visité en el exilio de Roma—, Cela no creía que Franco fuese a cambiar la raza, pese a sus cantos a los almozárabes, los mozárabes u otros, pero sí que hay en Cela un desprecio irónico del humilde, una broma menor del desheredado, una España pululante de mendigos e hidalgos hambrientos, que le inspiran amor y risa, pero sobre todo le inspiran literatura. Son la España real de Valle y Baroja.

Cela tiene de Nietzsche lo que tiene Baroja: un anarquismo corto de vista, una gracia destructiva, un deslumbramiento por el hombre germánico, fuerte y científico, sabio y central, con ese centralismo geográfico que Heidegger señala geográficamente para Alemania. Pero Madrid es el centro de España y no es lo mejor de España.

Hay en la vida de Cela una admiración por los grandes del dinero o de la política y una crítica casi estética de los desterrados, los pobres, los marginados, los marginales y los parias. Como en su filósofo, Nietzsche, y como en su novelista, Baroja, parece que sus héroes son los triunfadores y los crueles. Sólo que Baroja deja todo esto en la mera teoría, mientras que Cela lo lleva a la práctica y llega a lo más alto de la sociedad —también de la sociedad literaria— mediante una firme voluntad de triunfo que desprecia cuanto no sea afirmación del yo.

No puede decirse que Cela llegue a Baroja por Nietzsche, sino, muy al contrario, llega a Nietzsche por Baroja, pero esto tampoco es verdad, y más sensato sería decir que llega a ambos porque forman un trío, trío adonde él es el último en llegar.

Le estaban esperando. Era el joven nihilista de Nietzsche, el joven barojiano que renovaría el género. En Cela hay una devoción altruista por los triunfadores y un desprecio casi cesáreo hacia los condescendientes, que hace de él un señorito nietzscheano dispuesto a enamorarse de la libertad como Nietzsche se enamoró de Lou-Andreas Salomé.

El compromiso burgués de la novela

Las diversas maneras de la Historia, al pasar por la Revolución francesa cristalizan definitivamente en «lo burgués», es decir, el compromiso social del individuo, el compromiso de lo convenido con lo conveniente, y de aquí sale una manera de paz convencional y larga a la que, guerras y revoluciones de por medio, siempre se vuelve. De ahí nace una cultura burguesa que tiene expresión en las costumbres, el arte, la política, etc., con la gradación inevitable de alta, media o pequeña burguesía. Desde el siglo XVIII quizá no se ha hecho otra cosa que luchar contra esta forma de vida o al menos contra sus vicios y pecados, que alternan casi armoniosamente con sus virtudes. Pero, una y otra vez el mundo ha vuelto a recomponerse como tejido burgués, quiero decir que ha vuelto a su querencia, corregida y aumentada, de los valores burgueses. Una de las expresiones más completas y coherentes de lo burgués es la novela.

La novela como compromiso burgués es el género artístico y literario que mejor explica una conciencia burguesa y, por otra parte, va enriqueciendo esa conciencia, embarneciéndola de ratificaciones y posibilidades. El público de Lope era la plebe. El público de la

Comedia Francesa era la alta burguesía o la aristocracia. El público de la novela principia siendo el vulgo, por lo que se refiere a Cervantes y su *Quijote*, y tardaría tiempo en pasar a los lectores cultos y los críticos que no había. Cervantes, queriendo destruir un género, la novela de caballerías, ocurre que funda otro género, la novela burguesa, ya que el hidalgo es el antecedente humano del buen burgués. Contra lo que quiere rebelarse don Quijote, realmente, es contra su condición burguesa de solterón más o menos hacendado. La estructura del libro cervantino pone en dispersión la linealidad de la vida de Quijano, y va resolviendo el libro en episodios muy independientes pero muy coherentes en el todo, que mediante la lectura vuelven a resolverse en novela burguesa o decálogo del sano vivir, con menos libros y más religión, con menos imaginación y más bachiller, como lo manda el cielo posando su aburguesado sol en las bardas de cada día. La rebelión de don Quijote contra su vivir aburguesado, que es el de Montaigne, es así una de las primeras rebeliones contra la novela como género, pero digamos que la Historia de este sólido petrefacto literario es un continuo tejer y destejer del procedimiento definitivo, que llamamos burgués, de una manera de narrar que en los clásicos había sido muy diferente, mucho más ingenua, sencilla y poemática. Cada gran novelista trae, además de la novela hecha, su revolución de la novela, desde Tolstoi a Galdós, desde Quevedo a Cela.

En el siglo XIX la novela burguesa, que es de la que estamos hablando, llevó una vida bastante apacible, se aburguesó a su vez y fue el género consumido por las familias, los intelectuales y muy atendido y consagrado por la prensa, donde los novelistas eran estrellas junto a las grandes actrices y los grandes pianistas. La burguesía, plenamente establecida, encuentra en la novela el paralelo de su vida, un género donde se suceden los años, las alegrías y las decepciones bastante previsibles, pero barajados por el autor hasta conseguir la sorpresa o incluso el escándalo. La novela era en el hogar el resumen de todas las condiciones de vida: la cultura, el calor en invierno, el sosiego en verano, la distracción favorita y el lenguaje común de la tribu, ya que un ejemplar de Zola, Flaubert, Galdós, Pereda, Balzac, Clarín, pasaba de mano en mano por toda la familia y era luego motivo conversación y controversia a la hora de la comida o de la cena, y todo esto venía a enriquecerse con la aportación de las visitas, que casualmente estaban leyendo la misma novela.

Con el cambio de siglo, los autores, más que el público, principian a preocuparse por lo rutinario del género y por la imposibilidad de inventar nada nuevo dentro de la gran narrativa burguesa. Dentro, sobre todo, de un compromiso burgués que había adquirido la solidez social de un armisticio o una dinastía. Alguno de estos autores, adelantándose a la ruptura histórica, se alza con audacias nuevas en la manera de contar más que en lo que se cuenta, porque, curiosamente, son las formas nuevas las que abren paso a nuevos contenidos, o los crean, en contra de lo que ha supuesto siempre la crítica convencional. Y justamente esto es lo que pasa: Joyce quiere hacer un antiulises que se titule precisamente *Ulises*, Marcel Proust renuncia a los grandes ademanes de la tragedia para mantenerlo todo en un tono casi boulevardier que enseña y esconde continuamente la profundidad, la sagacidad observadora e interpretativa del narrador que se está narrando a sí mismo.

En España, *La Regenta* es quizá la última gran novela del XIX, y aquí llega eso que se ha llamado el 98. Baroja construye unas novelas aparentemente desestructuradas, aunque muy acordes con la vida. Azorín hace soluble la novela en la cotidianidad, consigue olvidar el argumento y convierte sus libros en una sucesión de palabras, escenas y momentos que, sin dar un grito, son lo más audaz y renovador de nuestra narrativa. Valle-Inclán abandona los grandes modelos burgueses para entregarse al modernismo de D'Annunzio, Barbey, D'Aurevilly y los poetas de la escuela, como su inmediato Rubén Darío. Unamuno cultiva la novela de pensamiento, de ensayo, de ideación metafísica, y entre los cuatro se han cargado casi dos siglos de novela burguesa, iniciando en España una revolución ideológica y literaria que ya haría muy difícil la vuelta a lo decimonónico. Desde ellos hasta hoy la llamada vanguardia (lo diremos así por abreviar) no ha dejado de experimentar, pero así como todos lo han hecho dentro de una escuela, dentro de los propios modelos noventayochistas, después de la guerra civil aparece el lobo solitario, el experimentador único, el que se renueva a sí mismo en cada libro: Camilo José Cela. Los años cuarenta y cincuenta no fueron muy propicios para ningún tipo de audacias, pero Cela exhibe en su *Pascual Duarte* la audacia del suceso narrado y exhibe en *La colmena* la audacia de una construcción que hoy llamaríamos «deconstrucción», bajo el beneficio de Derrida. Lo que separa a Cela, pues, de los movimientos renovadores del segundo medio siglo es su robinsonismo creador, ya que no puede empadronársele en ninguna de las tendencias que se vieron pasar. En cuanto a lo que pueda tener de herencia de los clásicos o empatía del 98, es fácil apreciar que se trata de acercamientos voluntarios, estratégicos, generosos, más que de influencias profundas o nutricias. Cela ha sido innovador como los demás, pero sobre todo innovador de sí mismo, hasta el presente, y esto que he llamado robinsonismo, sin mucha originalidad, es lo que me gustaría estudiar en las páginas siguientes de este ensayo.

La familia de Pascual Duarte es una novela realista de acuerdo con los cánones europeos del momento: neorrealismo, socialrrealismo, realismo existencial, etc. La originalidad de Cela está en la acumulación asfixiante de violencia, una realidad llevada más allá de sí misma, hasta los límites alucinatorios de un Zurbarán. CJC se limita a hacer la metáfora de la violencia gratuita, que había sido la de la guerra civil, y su precoz maestría está en no dar explicaciones, porque la metáfora debe entenderla cada uno a su manera. Aparte la deslumbrante originalidad literaria de la escritura, el libro se difunde en España y luego en el mundo porque es leído como un documento de la violencia fascista española y la guerra civil. Creo que no es eso exactamente lo que se proponía Cela, pero había visto mucha muerte en la guerra, lo llevaba dentro y por algún lado le tenía que salir, que le salió por el lado lírico, aunque sólo lo entiendan los propios líricos. *Pascual Duarte* es un poema.

Cela ha contraído el compromiso burgués con la novela y con el público, a la vista de su éxito, y aquí vienen los tártagos de hacer una segunda novela igual pero distinta. Cela tenía que seguir en lo mismo para cumplir el compromiso implícito, pero tenía que renovarse por dentro porque era demasiado joven para repetirse (luego veremos que tampoco se repite de viejo). Así es su lucha con el manuscrito de *La colmena*, que tiene una estructura demasiado avanzada para los lectores de Galdós, pero responde a la necesidad innata de renovación que el escritor lleva dentro.

Cuando Cela decide publicar el libro viene una segunda guerra civil entre el escritor y su obra. Ocurre que no le gusta y teme que vaya a ser algo excesivamente anticipado para sus lectores, si es que alguien puede leer aquello sin pies de plomo ni cabeza de chorlito. Prueba a engañar a la censura con una edición limitada y de lujo, pero los censores tampoco tragan. Hay que decir aquí que aquellos censores eran tan clasistas como todo el sistema y censuraban más fuerte un libro de carácter popular que una joya bibliográfica para pocos. Cela optó por la joya, pero los censores ya se conocían bien aquel engendro, que finalmente se publicaría en Argentina, en los años cincuenta, con la censura de Perón, que también tenía la suya, pero más clemente. De ahí a la difusión del libro en España, y luego en el extranjero, no había más que un paso.

La colmena corresponde a la mentalidad nada caótica de Cela, que se inventa trescientos personajes y los va colocando en el libro hasta construir una tesela tan variada, rica y hermosa que los lectores la recibieron con entusiasmo, ya que a los lectores les gusta que se les sirvan buenas y complicadas y humanísimas historias, sin reparar en eso que los críticos llaman la forma. Un lector de Galdós y de Baroja no sabría distinguir al uno del otro, formalmente, pues las formas literarias son cosa que no se estudia en los colegios y que sólo nos preocupan a los propios autores y a los minuciosos críticos.

Con *La colmena* Cela ha conseguido despejar lo que es su mayor preocupación de escritor con futuro, a saber: el hacer un libro que no tiene nada que ver con el anterior y que sin embargo le ratifica más y mejor como novelista. Su maestro Baroja se repetía alegremente en algunos libros, pero Cela tiene el afán honesto y extraño de ser diferente de sí mismo en cada libro. Quizá se trate de una lucha contra el estilo. Dado un estilo tan personal y tan reconocible, Cela huye del autoplagio y se acoge a formas y fórmulas nuevas, aunque su escritura siga siendo reconocible desde la primera línea.

Partiendo de una experiencia personal (cosa a la que no es muy aficionado), Camilo José escribe *Pabellón de reposo*, que es un libro muy de actualidad por la epidemia de tisis que la posguerra trajo a España. El propio Cela tiene que ingresarse en un sanatorio de Los Molinos, Madrid, para salvar la vida, y allí fue tomando notas lacónicas que conservan algo de ese laconismo en la novela ya hecha y publicada. Unas vidas de vuelo corto, unas novelas cortas que van a morir a la sierra sombría y el gañido de la rueda de la carretilla que va transportando muertos periódicamente, lacónicamente, laboralmente, al cementerio con pinos que es más pinar que cementerio.

La novela era de supuesto impacto comercial, pero el autor quiso ser tan lacónico, tan sobrio y tan suyo que el público echaba de menos un poco más de lágrima y de luto en el asunto. Cela, naturalmente, no iba a prestarse a eso. En todo caso, *Pabellón de reposo* es un nuevo libro, distinto y desconcertante, que abre caminos a la novela española del momento y a la propia carrera del autor. Pero sigue siendo un Cela puro y de raza, aunque mucho más escueto que de costumbre, contraste que nos lleva inmediatamente a un asunto fundamental en la poética de este escritor: me refiero a las formas que puede tomar su lirismo: realismo atroz, unanimidad urbana, laconismo ante la muerte, etc. Cela va agotando y destruyendo moldes, pero de lo que no consigue librarse, felizmente, es de su voz personal, de su estilo propio, que suena a él, misteriosamente, tanto en el párrafo barroco como en la lápida escueta de una sepultura.

Creo que la siguiente novela de nuestro autor es *Mistress Cadwell habla con su hijo*. Después de una experiencia realista como *Pabellón* a Cela le desborda el impulso lírico y decide hacer una novela fuera del tiempo y del espacio, confiado casi tan sólo a su mero don verbal y su facilidad poética, que se le deshace en metáforas como a Leibniz el pensamiento en mónadas. Pero la pura lírica también hay que estructurarla, apoyarla en algo, prestarle unos señalamientos previos, y entonces el escritor imagina la historia y el personaje de mistress Cadwell, a quien cuenta haber conocido en Pastrana robando azulejos del Palacio de la Tuerta. Parece que hacen fuerte amistad y luego ella le cuenta la historia o le muestra el diario de los monólogos con su hijo Eliacim, ahogado, adolescente, en el Mediterráneo norte o por ahí.

Lo que hace Cadwell, realmente, es recordar momentos y matices de la vida con su hijo, más atento el autor a las anécdotas de ambas vidas que a la categoría sentimental de la relación. Quiere decirse que Cela no nos da directamente el sentimiento y la circunstancia interior, sino que todo eso vendrá sugerido por las peripecias casuales de esta relación filial. La fórmula tiene el peligro de que a veces llevados de la amenidad del cuento, se nos alivie el dolor, pero eso le quita monotonía al libro y Cela vuelve siempre al detalle afectivo, a la nota inesperada, que reaniman y hacen verosímil una relación un tanto disparatada por mor del estado mental de Cadwell. Así, todo el libro oscila desde la entrañabilidad al juego, creando en el lector una cierta indecisión que no le impide disfrutar de los buenos hallazgos de Cela, como cuando nos habla del fondo «rojo y negro del mar». Se diría que el autor ha compuesto esta novela como un libro de poemas, a poema diario, siguiendo el delgado y complicado hilo de la memoria de una madre dolorosa y loca.

Aparte la novedad y sorpresa de la novela, parece que CJC se encuentra a gusto en esta fórmula, que supone todo un culto al fragmento. El fragmento fue muy caro al Romanticismo, que veneró la ruina truncada y clásica, el manuscrito minucioso, sugestivo e incompleto, etc. El fragmento es fórmula cara también a Azorín, y a Miró, a todos los estilistas que prefieren trabajar una pequeña pieza de orfebrería a dilatarse, con pérdida de la intensidad, en un trabajo largo. No otra es la sicología del cuentista y Cela ha escrito cuentos muy originales y logrados. El fragmento renuncia a la monumentalidad en beneficio, no ya de la perfección, sino del primor rococó, pomporé, mordoré, punzó o churrigueresco. El fragmento es una opción descarada por la calidad de pieza o la calidad de página. Uno de los grandes cultivadores contemporáneos del fragmento ha sido Borges, que cierra sus cuentos como por obligación, pero que disfrutaría más dejándolos abiertos y emanando por la herida del tiempo el perfume de una saleta o la respiración de una virgen.

Así es como hay que leer *Cadwell*, buscando el hallazgo de cada día y dejando que la lectura se remanse en forma de historia y de sentimiento. La calidad anfibia del libro —humor, lirismo— desconcierta no poco al lector, que no debe atenérsela mero juego ni al mero llanto, sino seguir a Cela en este difícil equilibrio entre la invención verbal y el corazón flojo de una madre.

San Camilo 1936. Recuerdo que Cela anunció que estaba trabajando en una novela sobre la guerra civil, y la cosa fue en una comida literaria en el hotel Mindanao de Madrid. Lo primero que nos explicó CJC es que no se trataba de una novela de la guerra sino de una novela que ocurría *en* la guerra. Realmente se trata del prólogo al acontecimiento. El día 18 de julio es la festividad de San Camilo en el calendario, y de ahí el rótulo del libro que transcurre en los días 16, 17 y 18 de aquel mes de julio. El escritor se plantea el libro como una novela coral, llevando y trayendo multitudes a través de sus páginas, las multitudes exaltadas de aquel prefacio de guerra civil. Asimismo se remansa en la intimidad y la menudencia de unas cuantas vidas pequeñas, vulgares, humildes, que vuelven una y otra vez a primer plano. Tenemos, así, dos niveles narrativos: el que recoge la presencia colosal del pueblo en la calle, pidiendo armas, y el que se deleita con la minucia de esas pequeñas vidas que hemos dicho. En este segundo sistema nos remitimos inevitablemente al recuerdo de *La colmena*. Cela va contando unas cuantas historias que son como el hervor humilde del pueblo de Madrid, y las alterna con los sucesos históricos y el gran fresco de un pueblo en armas. Vemos así que la gente prosigue sus pacíficas existencias sin darse demasiada cuenta de lo que pasa. Este pueblo alegre y confiado, y sobre todo resignado, será el mismo que luego viva la posguerra, entre cruces y muertos, con mansedumbre, resignación, santa continuidad y quién sabe si una vaga esperanza.

Todos estos personajes tienen cada uno de ellos una perfecta integridad novelística, son reales, personales, distintos, y cada vez que vuelven a aparecer en el libro lo hacen ya como «viejos amigos», por decirlo con un título de Cela. Se explaya aquí la gran capacidad del novelista para enhebrar personajes de un realismo inmediato, en cuyas vidas sombrías profundiza como sin querer. Pero el libro se diferencia de *La colmena*, entre otras cosas, naturalmente, en la velocidad, el ritmo intenso a que Cela le ha sometido. Todo pasa más de prisa y tiene la urgencia de lo que va a venir. Los climas narrativos se renuevan así como las estaciones del año, hasta componer un callejero humano de Madrid muy completo y verídico. Van a ser, y no lo saben, los que mueran o se salven en la guerra, el material humano sobre el que trabajarán los políticos, los militares, la Historia. Estas miniaturas humanas quedan insertas en el fresco de las grandes noticias políticas, los movimientos populares, los primeros muertos o asesinados y la palpitación de una ciudad grande y viva, que Cela nos da mediante el coloreado procedimiento de los anuncios de la época tomados de la radio o de la prensa, y que constituyen una decoración vivísima para el drama humano.

El otro plano narrativo es el de esas multitudes erráticas y colosales que llenan la ciudad con su presencia y su voz. Cela no se pronuncia nunca políticamente sobre lo que está narrando, sino que se limita, según el verdadero realismo, a mostrar la evidencia de lo grande y lo pequeño, de lo fugaz, lo actual y todo lo que transcurre a la sombra ominosa y gigantesca de lo venidero. Esta argamasa narrativa llega a fundir muy bien el plano anecdótico con el histórico, dándole al libro una continuidad que va hacia lo vertiginoso: la guerra. El experimento está conseguido plenamente y *San Camilo* es una de las grandes novelas de su autor, que además nos devuelve sutilmente a la añoranza de *La colmena* y de esa grisalla madrileña que Cela ha sabido ver y acotar como territorio propio de su narrativa.

Hay un tercer plano narrativo, supuestamente autobiográfico que es el de la vida del narrador, quien nos cuenta muchas cosas, pero sobre todo piensa bastante y le da vueltas a lo que está pasando. Es un antihéroe, un señorito de clase media, con novia guapa y malograda, que se corresponde perfectamente con la juventud de los años 30, un poco desorientada ante la vida, y más cuando la vida adopta la escenografía de Historia. Este personaje se mueve mentalmente entre las imaginaciones disparatadas, casi surrealistas, y los anhelos vulgares y propios de su edad. Un empleo, una novia, unos amigos, etc. El tipo sirve para dar continuidad al libro, que en realidad no la necesita, ya que la construcción maciza de la tipografía y la rueda girante de los personajes, todos ya bien conocidos del lector, constituyen un *continuum* de los más conseguidos por el autor en toda su narrativa. Novela, pues, que necesariamente tenía que escribir un hombre de la guerra, novela necesaria y al mismo tiempo expresión de la madurez y perfección fabuladora que ha conseguido CJC bajo las advocaciones de su patrón San Camilo.

Este libro nos robora en la observación de que Cela es un novelista de Madrid a incluir en el centón de Galdós, Baroja, Azorín, cierto Valle-Inclán y otros autores de la época, más los nuevos inventores literarios de Madrid que está dando ahora mismo la novísima generación. Cela, viajero y supuestamente rural, tiene en Madrid los mejores hallazgos de novela urbana, con un territorio acotado, como ya hemos dicho antes, que son las clases medias, la pequeña burguesía y los malditos de la calle, las pajilleras de Moyano y las castañeras de Fuencarral. Con procedimiento que no sé si es inventado por él, nos da intensamente el perfume de la época, o sea los años 30, mediante el citado recurso de la inclusión de la literatura publicitaria incardinada en la novela sin solución de continuidad. *San Camilo* creo recordar que apareció tras unos años de silencio literario, o al menos novelístico, de nuestro narrador, y tuvo una acogida de desconcierto porque suponía un nuevo experimento, como era inevitable, y porque interesaba a todo el mundo, aunque muchos hubieran querido una verdadera novela sobre la guerra en Madrid, pero no era ése el tema fácil de Cela sino este otro de la vida al borde del precipicio político y la mar belicosa y sangrienta de una guerra civil.

San Camilo tiene un final asombrosamente sencillo y de una ternura crudelísima, cuando toda la violencia del remolino militar se concentra en un pobre ser al que le han dado un fusil en el reparto y de pronto le descubre un uso insólito, vergonzoso y estremecedor. Sólo este final justifica un libro.

Su españolismo

CELA es un español con razones para serlo. Ama la Historia, la lengua, la geografía y el pueblo de España. Cela no es un «españista», un fanático de lo español, sino un hombre que se encuentra a gusto en su tierra, porque de esa, de esta tierra está hecho, y comprende temprano que es mejor especializarse en lo de uno que perderse en lo ajeno.

Cela, como pensador de las cosas, más que de las ideas, no puede menos de amar el burro *blas*, las sopas de mesón, la trucha cogida a mano, el poeta clásico duro de traducir a la actualidad, las mozas de la tierra y las desmerecedoras y gentiles ruinas del Imperio. CJC es español en su tierra. Quiero decir que tiene conciencia continua de serlo. Camilo José no es español por casualidad.

Así como hemos dicho, en glosas anteriores, que Cela siempre es consciente de ser Cela, también es consciente de ser español, lo cual no le lleva a un nacionalismo cabezón y violento, sino que le deja justo en su sitio, en el espacio que necesita un escritor que se propone escribir mucho de España, desde el cosmopolitismo sombrío del Madrid de posguerra hasta el ruralismo quieto de los pueblos de Zamora, llenos de niños falanderos. Máximo cronista de la España viajada, vengo recomendando en este libro sus viajes literarios, de los que tanto se aprende. Y se aprende, sobre todo, a amar a España, o a conocerla, que es lo mismo.

El escritor fincado en lo suyo, sea novelista o cronista, da realidades literarias que no tienen por qué corresponderse con la realidad solamente real, sino que ascienden —también en la crónica— como el humo dormido de Gabriel Miró, hacia el cielo estupefacto de España.

El españolismo de Cela no es una opción política, ni mucho menos, sino una opción anterior a él, que le nació español, tan español, sin saber por qué. Ya hemos contado en este libro que, cuando su primer viaje infantil, descubrió desde el tren, bajando de su frondosa Galicia, la desolación de Castilla, y lloró un llanto estético contra el cristal de la ventanilla sucia. Es el último del 98 porque ha amado Castilla como todos ellos, siendo periférico.

En toda clase de libros de CJC aparece la superstición de España —digámoslo así—, desde la novela al ensayo, desde el artículo al apunte carpetovetónico de ése que Ortega definió como «cazador de iberismos». Porque hubo un tiempo, qué cosas, en que estar con Cela era ser rojo, y ni siquiera Ortega se atrevió a llamarle costumbrista, sino que se inventó eso de «cazador de iberismos».

—Oiga, Cela, ¿no prefiere usted que le conozcan por su nombre a que le conozcan por su cara?

Ya lo hemos contado aquí, pero es todo un diagnóstico orteguiano: este hombre, antes de que llegue la gran gloria literaria, quiere ya, impaciente, la gloria física, personal, la popularidad. Algo así debió pensar Ortega, y es lo que va implícito en su frase. La vida de Cela demostraría cumplidamente, hasta su muerte, que CJC era uno de esos escritores tan preocupados por la imagen como por la obra.

El modelo de esta raza lo fue Goethe:

—Usted sabe cuánto tiene mi vida de simbólica —le dice a alguien, y seguro se lo repite a mucha gente.

El hombre como símbolo de su Obra. Goethe no quiso ser apolíneo ni todo lo contrario. Simplemente quiso ser Goethe. De esta familia viene Cela. Es la familia de los escritores que no se terminan en su obra, sino que se continúan en su vida: Oscar Wilde. Esto supone, quizá, inseguridad en la vida que se consuela en la Obra. O inseguridad en la Obra que se consuela en la vida. En todo caso, ambas van apoyándose, la una en la otra, para salir adelante, que es de lo que se trata.

Cela ama España porque España es una prolongación de sí mismo, de sus sabidurías, de sus viajes, de sus prosas, de sus episodios. Fue a dar una conferencia a Nueva York y no salió del hotel en todo el día. Se lo llevaron a la conferencia y volvió a Madrid. Nueva York no le interesaba nada, no era su mundo. Contra los que dicen que no ama lo que escribe, he aquí una prueba de que necesita amar lo que escribe y lo que vive para seguir adelante.

Articulismo

Hoy, domingo 4 de marzo, 2001, artículo de Cela en el hueco de *ABC*, mal ilustrado como de costumbre. ¿De qué habla? Ni se sabe. De todo y de nada. Un muerto, una viuda, unos personajes que nos suenan a sabidos, un tren, una mujer que conserva sus pechos en sal, unos cuantos nombres complicados, supuestamente graciosos, también consabidos. Cela me ha dicho más de una vez que él no hace artículos, que hace otra cosa que no se sabe lo que es.

¿Lo sabe él? Ya he contado cómo intentó el artículo a lo Ruano, a la vista de lo bien que le rendía a su amigo y vecino. Pero no le salía. Entonces, pasó por todos los intentos: ¿tremendismo, apuntes carpetovetónicos, iberismos? Denominaciones no habían de faltarle a CJC. Pero el producto seguía sin cuajar. Aún no ha cuajado, y esto le hace mucho daño al escritor, a efectos populares, pues el español lee periódicos, a falta de otra cosa, y no acaba de encontrarle la gracia a ese señor Nobel tan gracioso.

Tampoco cabe atribuir estos desmanes a la edad, ya que sus artículos de juventud son igualmente fallidos y desorientados. Un poco por salvarse de la frustración del artículo clásico y otro poco por seguir experimentando siempre, como en los libros, Cela intenta variantes de esa cosa tan sencilla que parece el artículo, la crónica, la columna, pero sólo acierta cuando renuncia a los experimentos y cuenta una historia sencilla y pastoril o esboza una lámina rural, un episodio doméstico o una intimidad.

A Cela le sale muy bien hablar de sí mismo, pues tiene la clave de ese distanciamento/intimismo que requiere el género, y el lector nunca sabe si le está conmoviendo con una mentira o le está mintiendo con una verdad. Pero, claro, eso no puede hacerse todos los días, salvo en un diario íntimo, y con riesgo de cansar y repetirse.

Cela puede hacer literatura de cualquier cosa, salvo cuando se propone hacer contraliteratura, que no le sale. Él es un escritor más clásico de lo que quisiera y le sigue saliendo mejor la estampa virgiliana que la vanguardia. En libros y artículos acierta cuando vuelve al sentido común, que será una vulgaridad, pero hay vulgaridades geniales, en él y en otros.

Nunca he llegado a la intimidad o indiscreción de preguntarle a Camilo qué piensa él en realidad de estos artículos, si se divierte haciéndolos o trata de divertir. A uno lo que le dan es sensación de fatiga, cansancio, repetición y explotación de una fórmula que nunca estuvo entre las mejores de las suyas. Como estas cosas nadie se las dice al interesado, o se las dice con ira —lo que es peor—, quizá CJC piensa que sus «caprichos» dominicales son muy leídos y comentados. A mí me parece que, si nuestro querido amigo fuese más partidario de escuchar, habría que devolverle razonablemente a una literatura más suya, más conocida, más realista, anecdótica, amena o emocionante; puesto que la cabeza no le falla nunca en la conversación, tampoco debiera fallarle en el oficio.

Aunque puede que lo que más tema sea el convencionalismo de repetirse, lo acomodaticio de un estilo fijo y mansueto, el manierismo. Pero es que está cayendo en otro manierismo menos tolerable. ¿Senilidad? Camilo José, personalmente, no comunica senilidad, a sus ochenta y cinco años, que cumple el 11 de mayo. La senilidad le sale cuando se pone juvenil, retozón y sorpresivo.

La cultura de las cosas

CELA, aunque cite mucho a Cicerón, donde luce es en su gran cultura de las cosas, en sus sabidurías táctiles: nombres de pueblos, palabras perdidas y encontradas, nombre de todas las piezas que componen el carro, nombre propio de los pájaros y nombre común de los obispos. Cela es inagotable en la dactilografía de los vinos, en la temperatura de los metales, en la hebilla de los generales, en el nombre latino de la aceituna, en la distinción entre judíos y moros.

CJC parece que tira más hacia el judío, que se ha adaptado mejor a la modernidad, que incluso <u>es</u> la modernidad (galerías de arte), y a mí ha llegado a decirme que los árabes no nos habían dejado nada, como si se olvidase de Averroes, Platón y Andalucía. Pero Cela siempre supo estar, en la vida, en su vida, del costado del dinero, con un gusto refinado por los hombres limpios, las mujeres caras y el impoluto comercio del oro.

El dinero es una abstracción, el dinero permite ganar y perder, robar y matar sin mancharse las manos. Todo lo judío es elegante una vez que se ha entrado en la heterodoxia del dinero. Cela no podía estar de otro lado que el lado judío del dinero, porque siempre amó esa dignidad financiera, higiénica, que da un pueblo que se ha puesto al día, que ha dictado su día a otros pueblos.

Cela vino a coincidir con la justicia en mi conquista del premio Cervantes, que me ha cambiado la vida y la atmósfera. Tengo observado que Cela me quiere más desde que vivo un poco mejor, y no por fundar un estúpido club de ricos, sino porque piensa, como luego José Antonio Marina, que el hombre debe aspirar a su propia dignidad y, como decía Cossío, la dignidad empieza por unos zapatos limpios.

CJC siempre fue partidario de mi literatura, y no me admitía que le agradeciese esto, pues no lo consideraba un acto de amistad, y mucho menos de caridad, sino de mera justicia poética, que es la única justicia en que él y yo creíamos de verdad durante largos años de convivencia. Cultura de las cosas, decíamos. Camilo José encontró en mí, como en todo autodidacta (que se obstinan en decir los infames periodistas) la cultura de las cosas, la sabiduría manual de un hombre que se ha ganado la vida con la leña, el carbón y el fuego, yo (mucho más que él).

Puedo encender una hoguera mucho antes que Camilo José, y ahora la enciendo por su fuerte paternidad literaria, espiritual, y por su muerte, que me deja huérfano del último y único padre que vale, el del oficio. Cualquier obrero, que son mi clase, encuentra más padre en el maestro del oficio que en el padre natural, que a lo mejor es de Aduanas y no enseña nada.

Camilo José o la cultura de las cosas. Un burro enano se llama *blas*. Un niño mimado se llama *falandero*, la derecha mano del hombre se llama mano de lanza. Y así interminablemente. Cela —ya está dicho— es un españo-lazo como un copón.

Habría que dejarse de sus vastas culturas humanistas para encontrarle en la cultura de las cosas, que sirve para nombrar, uno a uno, el numeroso universo.

Eso es lo que amé en Camilo y lo que otorga densidad, corporeidad, a sus libros, sean de lo que sean. Cela es más noble con las cosas que con los hombres. Y sobre todo es noble con esas cosas animadas y adorables que son los animales.

La prosa lírica

La máxima expresión de prosa lírica, en Cela, es una de sus primeras novelas, *Mistress Cadwell habla con su hijo*, el monólogo de una loca con el hijo que se le ahogó de niño en el mar.

Tan dramático tema nunca fue una novela de gran lectura, porque Cela no se proponía eso sino hacer un ejercicio de estilo, ejercicio insólito, arriesgado, fuerte, duro, imprevisto, que poco tiene que ver con la prosa poética al uso. En el libro hay más voluntad de estilo y ejercicio verbal que necesidad de comunicar el dolor de una madre o la infancia perdida de un hijo. El público busca asuntos y Cela lo que hace aquí es dispersar el asunto en divagaciones muy sugestivas, pero poco intimistas, o de un intimismo desprevenido y como exótico, que ilustra más que conmueve.

Cela ha hecho, como todo el mundo, la prosa lírica propia del relato corto o de la estampa costumbrista, pero su mayor ambición, dentro del género, está en *Cadwell*, construida mediante capítulos muy cortos, como una premonición de lo que luego sería *Oficio de tinieblas*, un rosario de mónadas. Hay que decir, pues, que a continuación de sus dos primeras novelas, *Pascual Duarte* y *La colmena,* Cela toma conciencia del peligro de casticismo o ruralismo que le espera, y entonces ensaya fórmulas, como *Pabellón de reposo,* para instalarse en un mundo novelesco sin churrerías ni coces de mula. Por otra parte, Cela, tan admirador de Baroja, nunca tuvo la facilidad de éste para echarse a contar cosas a lo que salga. Por el contrario, Cela es metódico. A *Cadwell* le puso finalmente un prólogo matemático. Quiso geometrizar el desorden después de producido.

A Cela, en realidad, no le interesan los asuntos, sino sólo las anécdotas. (Por eso se pudo decir que no amaba sus personajes.) Las anécdotas y el estilo, los gozos de la escritura. Al mismo tiempo que una nueva novela, busca un nuevo hilván para una gran ristra de anécdotas o invenciones que a su ver constituyen un mundo. Unas veces acierta y otras no. No vamos a hacer aquí la crítica de Cadwell ni de ningún otro libro de CJC, que no vamos de eso, pero sí a fincarnos en aspectos fundamentales de su creación, aspectos que residen, naturalmente, en uno o varios libros. El público, a la hora de hablar de Cela, suele entender por prosa lírica un paisajismo adornado, que es lo que se ha hecho siempre. Nuestro autor va mucho más lejos en una escritura de lo insólito, como un surrealismo doméstico, a veces, que eso son las claves entre la madre y el hijo.

Los breves capítulos, las glosas o mónadas de *Cadwell,* unas veces son grandes hallazgos, grandes novedades, y otras veces se nos quedan cortos, pero el libro en total exige y brinda una escritura a todo motor, en un alto nivel de experiencia literaria. Lo que se pierde con frecuencia, en estas atmósferas, es la emoción humana y vital. Digamos que Cela se plantea un tema muy emotivo para luego llevarlo por caminos de experimentación literaria y vanguardista que no admiten tales emotividades.

Y ésta es la contradicción interior del libro: tema sentimental y tratamiento experimentalista, frío. ¿Cómo se explica este contradiós? Muy sencillamente. Porque Cela no buscaba una historia de dolor e intimidad (aunque dice haber conocido a la señora Cadwell en la Alcarria, robando azulejos en el Palacio de la Tuerta). Cela lo que buscaba es una fórmula para hilar una larga sucesión de poemas en prosa, cada uno con su experimentación, dándole al libro la unidad novelística de un monólogo patético.

Uno busca en los libros menos el patetismo, que ya está en la vida, que la escritura y los hallazgos de la creación en libertad. A lo que más se parece *Cadwell* es a una exposición de cuadros surrealistas, todos magníficos. Pero nadie leyó así el libro y casi nadie lo entendió.

Lo castizo

Por la otra punta de la personalidad celiana apunta lo castizo, que es el vicio que le señalan siempre sus críticos adversos, llenos de acíbar: «Es un casticista, es un costumbrista.» Pero el casticismo supone una adhesión a la casta y sus costumbres, como en Mesonero Romanos y los sainetistas. Cela, en cambio, hablando de lo mismo que ellos, se salva del casticismo por falta de adhesión, por ejercicio de la ironía. Así es como otro crítico, quizá el muy citado Gónzalez Ruano, pudo decir que «Cela no ama a sus personajes».

Sobre todo, no ama a las castañeras ni a los cojos que venden lotería. Cela hace la glosa sarcástica de lo popular, muy puntual y muy inmediata, pero el sarcasmo le salva de populismo, evita esa adhesión que decimos, redime a nuestro autor de casticismos. Baroja y Valle hablan también de esa gente, y ninguno de los dos es castizo. Baroja por vasco y Valle porque hace manuelino con la miseria, como con la riqueza, y dialoga como un chulo, pero como un chulo que fuese académico.

Finalmente, en cuanto al costumbrismo, tenemos que Cela es un adicto a las malas costumbres, mientras que Mesonero, Campoamor y los saineteros todo lo dan por bueno y entrañable costumbre de un pueblo orfeónico e idiota, pobre pero honrado, que es otro contrasentido.

Los sueños vanos, los ángeles curiosos

SE trata, naturalmente, de un bellísimo verso de Valéry: «Los sueños vanos, los ángeles curiosos.» Cela lo utiliza —y lo confiesa, claro— como título de uno de sus mejores libros de artículos, los que comprenden toda su etapa del *Informaciones,* desde 1970 a la muerte del dictador, años en que la paloma de la libertad aleteaba entre las chimeneas madrileñas hasta acertar a posarse en la chimenea de un viejo periódico, el *Informaciones* de la calle San Roque.

Cela, en los albores del Nobel, tiene el extraño acierto de herborizar lo mejor de su periodismo en este libro, cuando los de la Serna le pusieron a hacer artículos de verdad, reventones de información y deliciosos de adjetivo.

Como ya creo haber contado aquí, Cela no se consideraba articulista y una vez me dijo, ya en el *ABC:*

—Yo no hago artículos, Paco, ya lo sabes, lo mío es otra cosa.

Bien, pues, contra lo que aquí hayamos podido afirmar, los artículos de *Informaciones,* asomados ya a las bardas de la libertad y la madurez, están todos cargados de amena plenitud, de oportuna erudición, de sobrio humor, de singular prosa y de actualidad periodística pasada por el colador de la subjetividad y la intemporalidad en que vive un creador.

Los sueños vanos son los de un creador en prosa que de cualquier noticia urgente saca un poema civil y conmovedor. Los ángeles curiosos son los de su propia sensibilidad, que son sentidos alerta al sentido último de las cosas que pasan. Pero Cela, con tiempo y espacio, se ocupa de documentar cuanto dice, catalogando los cardenales vaticanos de su familia, elogiando y fundamentando el castellano, estudiando el gatillazo, fantasma masculino y español, teorizando sobre la novela, denunciando la masacre y el holocausto español de los urogallos, visitando a Rubens en Amberes, glosando figuras contemporáneas, como Ridruejo, glosando a Rasputín, a Lope de Vega, a la Real Academia, a las putarazanas, burlando a Borges, el Palmar de Troya, Solana, el Arcipreste de Talavera, Cervantes, la paella, y, finalmente, el cornudo de espoleta retardada, que es el que acaba vengándose, tarde y mal. O bien.

He rastreado mucho el periodismo de Cela, por lo que me afecta, y hoy digo que este bloque del *Informaciones*, escoltado por los de la Serna, es lo más completo, perfecto y periodístico que hizo Camilo en su vida. Y, reunido en libro, cosa digna y necesaria de leer. Quiere decirse que el escritor de raza —tan de raza como Cela— siempre da fruto, le pongas donde le pongas, y arraiga en cualquier sementera literaria.

Después de *Los sueños vanos, los ángeles curiosos* —artículo semanal en *Informaciones*—, no se puede seguir diciendo que Cela no era articulista. Lo cual que en el artículo final del libro trata el tema del cornudo retardado con humor y conocimiento, todo lo cual resulta un tanto patético, ya que Cela estaba en conocimiento de las traiciones de la vida y preparando una venganza precisamente retardada: casarse con una jovencita —Marina Castaño—, cuando su prosa se hundía ya en la vejez definitiva y enlutada. A recoger el Nobel llevó a Marina y no a Charo, que se lo pedía. Su venganza es hermosa por la serenidad y el tiempo. Lo que los clásicos llamaban «un plato frío». Artículo añadido que cierra varios libros y muestra la necesidad de Cela por aclarar el tema, ya que no redime, ni mucho menos, al cornudo tardío o que retarda su venganza, pero alaba las virtudes de la espera, la mejoría de la reflexión y la eficacia del tiempo, ese filo que pasa despacio cortando nudos y cabezas. Gran libro, desde el título, donde CJC, además, resuelve un problema personal con la suficiente dosis de humor, y escepticismo como para no hacer el ridi. Aquellos artículos de Cela en *Informaciones* fueron vanguardia de un periodismo libre, imprevisible y bien escrito.

EPÍLOGO

ME lo han dicho esta mañana a las ocho y media. Me levanto y en seguida viene el jaleo de los periódicos y los teléfonos. Llevo una redacción de periódico dentro de mí que se pone en funcionamiento a deshora. Cela acaba de morirse y, ante esta acumulación del tiempo, decido ponerme primero a escribir para luego ir ya escrito a la clínica. He hecho un artículo largo, toda una página, para el periódico, que lo dará con una foto de Camilo José y mía que data del entierro de Dámaso Alonso y que es muy bonita y significativa. Se me ha quedado el corazón sordo y no puedo decir que sienta nada malo ni bueno ante la muerte de mi amigo, ni en el nivel personal ni en el nivel profesional. En estas circunstancias, irónicamente, tiene uno que escribir con los sentimientos inventados porque los verdaderos se quedan sordos por la noticia, como digo. También hago un poema que darán en el mismo periódico o en el suplemento cultural. Es curioso cómo le salen a uno los versos, los endecasílabos y los alejandrinos blancos, medidos, cuando no tiene idea de lo que va a decir. La poesía se escribe mejor así. Con un mogollón de ideas en la cabeza es imposible organizar el endecasílabo, que no es sino la nada dibujada con una fina raya. Dejo descolgados varios teléfonos y me voy a la clínica.

En la radio del taxi están dando noticias de la muerte de Cela. Dice Tomás Cuesta que los taxistas de Madrid son un barómetro infalible para conocer la temperatura de la noticia. A la llegada a la clínica una legión de fotógrafos y cámaras de televisión me espera como si yo fuese la viuda de Camilo José. Pongo cara de viuda lo mejor que puedo y me hago soluble entre el personal que ha concitado este evento. Arriba, en la habitación, Cela se muere dando vivas a su pueblo y diciendo a Marina que la quiere. Cela había escrito que un caballero debe llegar a la muerte sin mover el gesto, pero él ha tomado estas mínimas actitudes que digo. Aquí abajo la reunión tiene un carácter de cóctel luctuoso, aunque nadie come ni bebe nada. Yo creo que ni siquiera fuman. Me paso la mañana cerrando ventanas y saludando desconocidos. Yo le he dado un abrazo a Marina, que está discreta, rubia, hecha de movimientos silenciosos y como evadida. Luego saludo a José María Aznar, presidente del Gobierno, que se ha presentado dignamente. La derecha tiene buena educación para cumplir con estas cosas, pero la izquierda no aparece por parte alguna, porque está en la oposición y la oposición consiste también en ignorar a los genios. Sisita Milans del Bosch, Inés Oriol, Juliana Calvo-Sotelo, las mujeres de Mingote y Campmany por delante de sus obvios maridos, sin duda golpeados por la noticia, asordados como yo. Trillo, ministro de Ejército que me regala corbatas con tanques. Su maravillosa mujer. Políticos y periodistas. Cela se había distanciado mucho de la izquierda, decidido quizá a vivir sus últimos años en un paraíso fiscal o como se llame eso. Inés me trae bollos y una botella de agua. El cadáver no baja y empezamos a estar en la situación de los personajes de *El ángel exterminador* o *A puerta cerrada* de Sartre.

En el vestíbulo de la clínica están los menos allegados y esto de aquí dentro me recuerda una reunión de íntimos como tantas que hemos tenido con Camilo José. De algunas hablo en este libro. Saludo a Alfonso Escámez, un poco demudado no sé si por el frío o por la noticia. Debe tener la misma edad de Cela, pero los banqueros duran más. Dice que me llamará para almorzar y hablar de cosas. Cuando al fin bajan el féretro hay un silencioso tumulto de emoción y bastante gente principia a rezar. Es un féretro majestuoso cuya madera besan Marina y su hija como si fuera la piel rejuvenecida, tersa y yodada del muerto. Hay coronas oficiales, políticas y profesionales. Al solitario Fernando Arrabal no le conoce nadie. Está claro que somos una endogamia provinciana con buena ropa, pero ignoramos a todo el que viene de un poco más lejos. Muy pocos académicos.

Estoy un rato contemplando el féretro yo solo sin pensar en nada, sólo mirando y esperando que se me ocurra algo, pero tengo el pensamiento plano y luciente como la madera del féretro, que tiene un Cristo en la cabecera. Me voy sin despedirme más que de Inés. Las televisiones y las entrevistas arrecian de nuevo. Donde voy yo va la electricidad. Pero esto le pasaba a Cela antes de que hubiese electricidad. Luego te mueres y desenchufan. Por la pequeña pantalla me veo repetidamente como el amigo impar de Cela. Ahora mismo me llaman de Santiago para decirme que en la iglesia de Padrón hubo muchísima gente. Camilo había tenido un invierno muy malo, hasta que la neumonía anidó en su corazón artificial. El propio anhídrido carbónico le ha dormido dulcemente y le ha matado. Viva Iria Flavia. La última vez que estuvimos juntos fue en las votaciones del Cervantes. Habíamos conspirado dárselo a Arrabal, pero esta vez los americanos venían en bloque bajo la enseña de Álvaro Mutis, un poeta y prosista correcto y aburrido, distinguido y muy lejano ya del boom latinoché de los sesenta. En aquel almuerzo/votación no estaba Cela sino su fantasma, una cara blanca y cerúlea, como hubiera escrito un romántico. Me levanté a hacer una defensa de Arrabal, que les había pasado inadvertido a los latinochés: «Claro, como escribía en francés apenas le conocíamos.» Entonces intervino Cela: «Arrabal sabe menos francés del que sabía Picasso, y Picasso hablaba el francés como un guardia civil de Gerona.» La frase era buena y oportuna, pero creo recordarla de otras ocasiones. Cela se autoplagiaba y ejercía el autotópico con pleno derecho. Arrabal se quedó en tres votos.

Me dice Inés que en nochevieja, en Toledo, Camilo José hizo un discurso patético, dedicado a Marina y a los amigos que debemos arroparla cuando él no esté. Me alegro de no haber ido esa noche a Toledo, como otros años, porque los discursos mortuorios a cargo del muerto luego me quitan el sueño. Pero a Marina la queremos todos mucho. Camilo tenía un problema de locomoción que corregía paseando mucho por el monte del Pardo, pero de eso no se iba a morir, y entonces se ha muerto, a los ochenta y cinco años, de la gripe de enero, que es cariñosa, pegadiza y maligna como un amante o una esposa traicionera. En estos mismos días ha muerto Sánchez Silva, el de *Marcelino pan y vino*, con noventa años, o sea que a Camilo le faltaban cinco y los podía haber vivido dignamente, pero los corazones de juguete aguantan pocos eneros. Yo creo que Cela ya sólo escribía el artículo de los domingos en *ABC*, desganado y quizá repetitivo. Quería haber hecho unas memorias muy polémicas, *Turno de réplica*, pero luego le fue entrando la pereza y el miedo a molestar, cuando él era un profesional de la molestia. En los días de su muerte falleció Alfonso del Real, un cómico de revista bajito y castizo y de los mismos años que Cela. La gripe de este mes está dejando Madrid huérfano de famosos y sólo aguantan ternes las farolas fernandinas, y para eso porque llevan la firma del rey en hierro.

Aparte enfermedades, Camilo había terminado hace mucho su biografía. Cuando la biografía dura más que la vida es cuando empieza uno a aburrirse y a comprender que su verdadero espacio es la muerte. Demasiado viejo para escribir otro libro y demasiado joven para andar por ahí como un clásico con gola, aguantando la baroja de las esquinas. La Fundación, como todas las fundaciones, tenía sentido y vida mientras él estaba vivo. Ahora es un caserón vacío, una angostura inmensa que sólo visitarán los aficionados a las fundaciones. Desde el verano para acá Cela estaba como desaparecido. Sin duda sabía que iba a morirse y lo llevaba bastante bien. Yo escribo este epílogo para cerrar mi libro pero no para despedir al amigo recio, secular y fiel, que será siempre una presencia en mi memoria literaria y en la otra. A lo mejor escribo con frecuencia de él y a lo mejor prefiero guardarle en mis consolas interiores, cuando sea ya más sentimiento que actualidad. No quisiera uno sacar todos los días a la reventa una amistad tan macho, tan pura y tan vehemente. Se me ha muerto el profesor de energía. Antes había tenido otros pero ya no tendré más. Un profesor de energía es un verdadero padre. Camilo José fue el padrote ilustrado y veraz de mis penúltimos y mejores tiempos literarios. Alguna vez iré a Padrón a visitarle bajo ese olivo encorpachado donde le enterraron. Un olivo centenario que habiendo vivido un siglo nos acoge y reúne a los dos. Eso espero.

Profesor de energía

Qué grieta de hombre, tremedal caído,
cómo colmó su siglo a manos llenas,
él hizo de la prosa
otra cosa.

Qué sola la mañana sin memoria,
las cosas vagan como peces altos
porque ya su palabra no las fija.
Perdimos el color de la mañana.
Hoy el 98 al fin se muere,
nadie sabe decir que hay sol de enero.
La bonhomía del árbol derribado
extiende sus liturgias por el tiempo.
Ya no está ni en sus libros, lento muerto,
sólo está en esa espada a la que abraza,
ese idioma brutal y castellano
al que dio sutileza, finas flores
y le puso domésticos pianos
para meter un tigre en cada libro.
Profesor de energía, como el otro,
nos enseñó a vivir en hombres libres,
su violencia pacífica edificaba el tiempo

y su silencio de hombre primitivo
iba dejando ideas y dibujos,
un reguero de dioses por el mundo.
Cómo crece el silencio a cada paso
cuando su muerte es ya definitiva,
las palabras sin nido de árbol viejo
habitan la distancia entre los vivos.
Y yo inicio ahora mismo, esta mañana,
mi aprendizaje de caligrafía,
pues todo se ha borrado, como un ángel,
hay un hueco en enero, un día sin falta.
Los párvulos de España le recitan.

ÍNDICE ONOMÁSTICO